ぜんぶ同時に出来上がる！

飯ごうで作る 絶品定食レシピ

関根千種

SANSAIBOOKS

はじめに

わたしはアウトドアで料理をすることが大好きです。

自然の中での食事作りをもっと楽しみたい、充実させたいと考えながら
いろいろな調理道具を試していくなかで、ある時
知ってはいたけれど、あまり使ったことのなかった道具＝
「飯ごう」を手にし、そのポテンシャルの高さに驚かされました。

多くの人は、飯ごうに対して
「昔ながらの炊飯道具」「子どものころにやった飯ごう炊さん」
くらいのイメージしか持っていないかもしれません。わたしもそうでした。

でも実際に使ってみると、それだけではない多彩な魅力に気付きます。
使えば使うほど「この調理道具は実用的で面白い」と思えるのです。

あらためて、わたしなりに飯ごうの機能性をまとめてみると……

頑丈かつ軽量なので扱いやすいうえに、熱伝導性にも優れているので
特別な技術がなくても、おいしく調理することができます。

ごはんをふっくら炊くことはもちろん、煮物やスープ、炒め物も作れますし、
蒸し料理やスイーツ作りにも対応してくれます。

吊り手が付いていたりして、焚き火での調理も得意。
中蓋を利用すれば、水蒸気による同時調理が可能となり、
一度に複数のメニューを完成させられます。
冷めた料理や、出来合いのお惣菜を温め直すのにも最適です。

どうでしょうか。
これらすべてが飯ごうでできるとなれば、見る目が変わってきませんか？

なかでも、複数のメニューを同時に完成させられる「同時調理」という要素は
効率よく食事の準備を進め、キャンプの時間を有意義に過ごしたい人にとって、
大きな魅力を感じるポイントになるでしょう。

「どうやったらできるの？」と思った人は、迷わずページをめくってください。
この本は、飯ごうの機能をフル活用して作るレシピをたくさん収録しています。

飯ごうが持つ可能性を引き出すことで、調理をもっと楽しんでほしい。

そのためのノウハウとレシピを皆さんにお伝えすることが、本書の役目です。
必ずしもレシピ通りに材料が揃わなくても大丈夫。
本書のレシピを元に、好みのアレンジを加えて楽しんでみてください。
気負わず手軽に挑戦できるところも、アウトドア調理の醍醐味であったりします。

蓋を開けた瞬間に2品の料理が完成している——そんな同時調理の体験は、
きっと皆さんに驚きと感動をもたらしてくれるはず。ぜひお楽しみください。

関根 千種

CONTENTS

Theme 3 | スープ+主食系レシピ

Theme 4 | 煮込み料理+主食系レシピ

Theme 5 | 2品料理／応用料理系レシピ

Column

コンビニ食材を使った お手軽&極旨レシピ集

本書を読み進める前に……

ごはんは本体と中蓋、両方で炊ける！ レシピに合わせて好きなほうを選ぼう

兵式飯ごうでの炊飯は、本体（下段）で行うのが一般的ですが、実は中蓋（上段）でも実践可能。ただし中蓋での炊飯は、多くの人が知っている飯盒炊さんとは原理が異なり、本体に溜めておいた水分を熱し、その水蒸気によって炊飯する手法＝「水蒸気炊飯」となります。本体と中蓋では、炊飯の所要時間や方法が変わるので、下記を参考にするとよいでしょう。なお、本書収録のレシピは、基本的にすべて１～２人分の分量で記載しているため、炊飯も「本体＝１合、中蓋＝0.5合」で行うことを前提としています。

本体での炊飯手順

本体での炊飯の流れは、鍋での炊飯と同じ。最初から外蓋や中蓋をのせて火にかけると、沸いたタイミングがわかりにくいため､沸騰したタイミングで蓋をのせると失敗しにくい。なお、下記は無洗米の使用を想定した分量および時間を記載している。

1 － 浸水させる

無洗米を30分ほど浸水させる。水の量は無洗米の量よりも少し多めに設定する。無洗米１合に対して水220ml程度が目安。

2 － 火にかける

中蓋と外蓋を外した状態で本体のみを火にかける。沸いてきたら外蓋をのせて（同時調理する場合は食材を置いた中蓋ものせる）弱火に落とす。

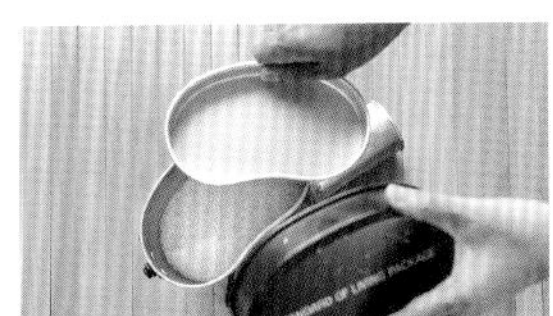

3 － 蒸らす

弱火に落としてからさらに10～12分ほど火にかけたのち、火から下ろして10分ほど蒸らせば出来上がり。

中蓋での炊飯手順

中蓋での炊飯は水蒸気炊飯となるため、焦げる心配がないのが一番の利点。おこげができることはなく、本体での炊飯に比べてしっとりとした炊き上がりになる。なお、下記は無洗米の使用を想定した分量および時間を記載している。

1 － 浸水させる

無洗米を30分ほど浸水させる。水の量は無洗米の量と同量に設定する。無洗米0.5合に対して水90ml程度が目安。

2 － 火にかける

本体に200ml以上の水を入れた状態で強火にかける。沸いてきたら無洗米の入った中蓋と外蓋をセットする。

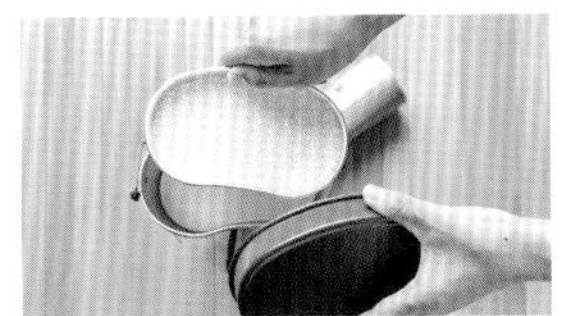

3 － 蒸らす

弱火に落としてからさらに30分ほど火にかけたのち、火から下ろして10分ほど蒸らせば出来上がり。

第1章 chapter 1 Basic knowledge of Hango

兵式飯ごうの基礎知識

POINT_01

「兵式飯ごう」は、1980年代に自衛隊で使われていた「炊飯」のための調理器具

兵式飯ごうのルーツは、ヨーロッパの軍隊で使用された携帯用の食器兼調理ギア。日本には明治時代に伝播したと言われ、やがて旧日本陸軍の備品として採用されました。何度か改良が加えられ、現在のような形状になったのは第二次世界大戦のころだそう。アルミ製の外蓋・中蓋・本体で構成され、4合炊き。海外では角型のものが主流の国もあるようです。一般的なイメージであるソラマメ型の形状が定着したのは、その使い勝手のよさから。熱が全体に回りやすいことや、腰やリュックに吊るして携帯する時に、凹凸が体にフィットしやすいことなどが主な理由です。自衛隊では、昭和62年ごろまでこの兵式飯ごうが使用されていましたが、いつしかアウトドアファンの間でも同じように重宝されるようになり、今なお林間学校やキャンプなどでの調理の場面で存在感を発揮し続けています。

POINT_02

「兵式飯ごう」は、シンプルな構造だが合理性が高く、応用性も抜群のクッカー

前述の通り、飯ごうは外蓋・中蓋・本体の３つのパーツで構成されている調理器具。中蓋は炊飯の際に飯ごう内部の圧力を高め、温度を高く保つ働きをするほか、食材をのせた状態で火にかければ､本体（下段）と中蓋（上段）の二層構造で同時に調理を進めることも可能です。また、外蓋はリフターと併用することでフライパンとしても機能。シンプルで無駄のない構造の飯ごうは、多彩な機能を備えた万能クッカーと言えます。なお、近年は４合炊きの「兵式飯ごう」に加え、２合炊きサイズの「戦闘飯ごう２型」と呼ばれる製品も登場しており、キャンパーの間では空前の“飯ごうブーム”が到来しています。

【材質】アルミニウム　【容量】2.2L（炊量：４合）　【重量】約340ｇ
※外蓋・中蓋・本体

※上記サイズおよびスペックはキャプテンスタッグ製の「林間 兵式ハンゴー」の数値となります。サイズ・スペックはメーカーごとに多少異なります。

構成パーツ一覧

上蓋 UAWABUTA

高さは約3.5cm。米をすりきり1杯入れると3合分となります。また、その深さを利用して食器としても使えます。クッカー用のリフターと併用すれば、フライパンとしても利用可能。アルミ製で熱伝導率が高く、弱火でも食材に火を通しやすいため、手早く炒めものなどを作りたい時に活躍します。

中蓋 NAKABUTA

高さは2.8cm。米をすりきり1杯入れると2合分となります。本体で米を炊く際に中蓋に食材を置けば、同時に加熱調理ができます。また、本体に水を入れた状態で中蓋に米と水を入れれば、下段からの水蒸気で炊飯も可能。外蓋に比べて浅めの構造ですが、食器やフライパンとしても使えます。

本体 HONTAI

高さは13.0cm。容量は約2.2L。4合の米が炊けるサイズです。内側には水の量を計る目盛りが刻まれています。米を炊くだけでなく、お湯を沸かしたり、煮物、汁物を作ることもできます。ある程度の深さがあるため、キャンパーは小型のバーナーや調理器具を収納して持ち運ぶことが多く、中にギアを重ねて収めることを「スタッキング」と呼びます。

ディテール

DETAIL

本体には米4合を炊く際、または2合を炊く際に必要な水量がひと目でわかる目盛り（上が4合で下が2合）が刻まれています。

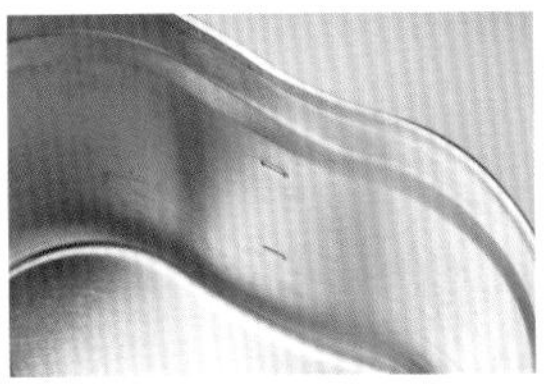

POINT_03

丸型飯ごうや戦闘飯ごう2型と比べて入手しやすく値段もお手頃！容量が大きく、大人数にも対応する

飯ごうにはいろいろな形があり、代表的なものとしては、兵式飯ごう、丸型飯ごう、戦闘飯ごう２型が挙げられます。いずれも素材はアルミ製で、中蓋・外蓋・本体の３つのパーツで構成。本書で取り扱う兵式飯ごうは、多くの人が「飯ごう」と聞いて最初に思い浮かぶ、オーソドックスな形状のもの。構造はシンプルですが、本体では４合の米が炊けるので、大人数でのキャンプでも活躍するクッカーと言えます。丸型飯ごうは、兵式飯ごうを円筒状にしたもの。容量は兵式飯ごうとほぼ同じで４合炊きですが、内部に熱が均一に伝わりやすい形状のため、炊飯の失敗が少ないと言われています。これら２つの飯ごうは、アウトドアショップやホームセンターなど、身近なお店で購入できます。価格は1000～3000円台のものが多く、コストパフォーマンスの高さを感じられます。一方で戦闘飯ごう２型は、値段は１万円前後とやや高めではあるものの、機能性の高さが売り物です。2合炊きサイズとコンパクトながら、中蓋と外蓋が兵式飯ごうや丸型飯ごうよりも厚めに設定されていて、食器、調理器具としての使い勝手も抜群。水蒸気による炊飯や調理がしやすい構造なのも特徴です。最近はキャンパーの間で戦闘飯ごう２型の人気が高まっており、キャンプ場で目にする機会も増えています。

兵式飯ごう

もっとも一般的な４合炊きの飯ごう。外蓋に取っ手が付いたタイプもある。ソラマメ形の理由は、複数で使う際「凹み同士を合わせると熱が均等に回る」「凹み部分と正面を合わせるとコンパクトに収納できる」など諸説ある。

【SPEC】※キャプテンスタッグ製・林間 兵式ハンゴーを元に記載　●本体サイズ：幅18.0cm×高さ13.5cm×奥行き11.0cm　●本体容量：約2.2L（炊量4合）●重量：約340g

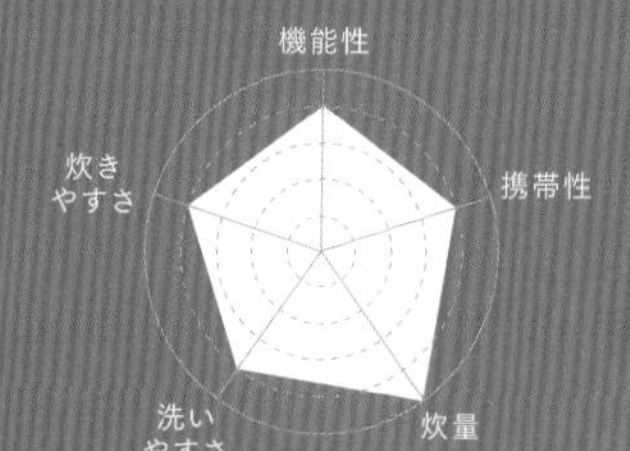

丸型飯ごう

丸筒の形状は、熱がムラなく伝わるため、炊飯に最適。バーナーの上でも安定しやすく、洗いやすいというメリットも。5合炊きタイプもあり、大人数での使用や大サイズのギアのスタッキングにも向いているが携帯性はやや劣る。

【SPEC】※キャプテンスタッグ製・林間 丸型ハンゴーを元に記載　●本体サイズ：幅15.5cm×高さ13.5cm×奥行き15.5cm　●本体容量：約2.2L（炊量4合）　●重量：約360g

戦闘飯ごう2型

外蓋に備えた取っ手が利便性を向上。中蓋は深めで小鍋として使えるほか、外蓋との連結も可能。吊り手が長いのは、兵式飯ごうと並べて吊るした時に底面の高さを合わせるため。これにより火からの距離を均一に保てる。

【SPEC】※ロスコ製・戦闘飯盒2型を元に記載　● 本体サイズ：幅17.5cm× 高さ10.5cm×奥行き10cm　● 本体容量：約1.2L（炊量2合）●重量：約400g

POINT_04

調理する際の熱源はなんでもOKだけど22ページ以降のレシピを実践するなら焚き火かバーナーがおすすめ

アウトドアで使われる熱源は、焚き火、バーナー、アルコールストーブ、固形燃料などさまざまな種類があります。それぞれに一長一短があり、環境や目的によってベストな選択は変わってきます。しかし、本書は「兵式飯ごうを使った上下段同時調理」をテーマとしているため、ここではその用途に絞って熱源を選びます。本体での一般的な飯ごう炊飯や煮込み料理だけであれば、アルコールストーブや固形燃料でも事足りますが、以降で紹介する上下段同時調理を実践する場合は、熱量が足りないケースが想定されます。本体と中蓋で調理を同時進行する場合は、焚き火かバーナーを使うようにしてください。

① 焚き火

主に薪を使った熱源。火を底面に当てて加熱するほか、火の横にクッカーを置いて側面から加熱する方法や、熾火をクッカーの上にのせて加熱する方法など、調理の自由度は高い。兵式飯ごうには吊り手が付いているため、吊るして火にかけることもできる。【メリット】趣があり高火力【デメリット】火力調整が難しく、クッカーに煤汚れが付く

② バーナー

ガスや燃料を使った熱源。ツマミを回すだけで簡単に火力を調整できる。【メリット】火力を自在にコントロールできる【デメリット】ガス式は寒冷地などで火力が弱まることがある。燃料式はポンピングやプレヒートなどの手間がかかる

③ アルコールストーブ

燃料用アルコールを使った熱源。【メリット】軽量・コンパクト【デメリット】焚き火やバーナーに比べると火力が弱く、風の影響を受けやすい。基本的に火力調整はできない（火力調整蓋が付属する製品もある）

④ 固形燃料

燃料を固形化した熱源。卓上用固形燃料や軍用のタブレット型など、さまざまなタイプがある。【メリット】携行しやすく安定して燃焼するので、炊飯などに向いている【デメリット】火力がもっとも弱く、火力調整はできない。タブレット燃料は煤汚れが付く

POINT_05

水蒸気を利用した上下段同時調理が可能。一度の手間で複数の料理を楽しく&おいしく仕上げられる!

兵式飯ごうは、シンプルな構造でありながら、多彩な調理方法に対応します。最大のメリットは、ひとつの熱源で本体と中蓋の両方を使った「同時調理」ができること。ごはんとおかず、ごはんとスープといった異なる2品のメニューを同時に完成させることで、複数の料理をお腹いっぱい食べられます。たとえば、丼ものは炊き立てのごはんにアツアツの具をのせていただきたいものですが、炊飯と並行して具を調理すれば、完璧なタイミングで完成させられます。本体で煮込み料理やスープを作り、その際に発生する水蒸気を利用して中蓋でごはんを炊き上げることも可能です。中蓋の食材を本体からの水蒸気で加熱すれば、蒸し料理も完璧。本体で肉を煮込み、中蓋で魚をホイル蒸しにするなど、味わいや調理方法の異なるおかず2品を同時に仕上げられるのも、本書で紹介する飯ごう調理の優れたポイントです。

POINT_06

兵式飯ごうでの上下段調理には リフター（クッカークリップ）が不可欠！ 本書のおすすめはコレ！

兵式飯ごうで上下段同時調理を行うにあたり、事前に用意しておきたい道具が「リフター」です。リフターとは、ハンドルがついていないアウトドア用のマグやフライパンを持ち上げるための道具のこと。11ページでも触れた通り、兵式飯ごうとリフターを組み合わせて使えば、外蓋や中蓋もフライパンとして活用できます。一方でこのリフターは、本書で紹介するレシピを実践する際にも不可欠な存在。なぜなら、上下段同時調理を行ったあとの中蓋は非常に高温になっていて、素手で持ち上げることができないからです。加えて言うと兵式飯ごうの中蓋は、本体にはめ込んだ際、しっかりと密着するように作られているので、取り外し時には多少のコツが必要なだけでなく、使用するリフターとの相性も大事になります。そこで本書が、アウトドアブランドから発売されている売れ筋のリフターをいくつか用意し、中蓋の持ち上げやすさを検証したところ、もっとも使い勝手がよかったのはSOTOのマイクロリフターでした。ちなみにリフターは、最近では100均ショップでも購入可能なので、自分なりに使いやすい製品を探してみても面白いでしょう。

other lifter

No.1 SOTO デュオハンドル

飯ごうとの相性：★★★
□ ￥1650　□ **重量**：38g
□ **サイズ**：L123×W50H24mm

No.2 エスビット グリッパー

飯ごうとの相性：★★
□ ￥1540　□ **重量**：57g
□ **サイズ**：L130×W33×H40mm

SOTO
マイクロリフター

飯ごうとの相性：★★★★
□ ¥1,400　□ **重量**：13g
□ **サイズ**：L88×W22×H22mm

もともとはSOTOの「サーモスタック」や「サーモスタッククッカーコンボ」といったマグ・クッカーセットの付属品として生産されていたリフター。その使い勝手のよさから、単品でも販売されるようになった。フックのミゾが他製品よりも小さいぶん取り回しがよく、上下段調理を終えたあとの熱くなった中蓋を持ち上げやすい。

リフターの使い方のイメージ

1 ― リフターのミゾを引っ掛ける

中蓋を掴む際は、そら豆型の窪んでいる側のフチを狙う。中蓋のフチに対して真上からリフターのミゾを当てる（引っ掛ける）イメージ。

2 ― テコの原理で前部分を上げる

中蓋のフチにリフターのミゾを引っ掛けたのち、本体のフチを支点にして手首を返すと中蓋の前部分が持ち上がる。

3 ― 中蓋の手前を引き上げる

中蓋の前部分が本体から外れたのを確認したら、（中蓋の料理がこぼれないように）返した手首を戻して手前部分も引き上げる。

4 ― 中蓋を完全に取り外す

引き続き中蓋の料理がこぼれないよう、水平に中蓋を持ち上げる。

No.3 MSR パンハンドラー

飯ごうとの相性：★★★
□ ¥2090　□ **重量**：45g
□ **サイズ**：L229×W102×H25mm

No.4 トランギア アルミハンドル

飯ごうとの相性：★★
□ ¥1265　□ **重量**：50g
□ **サイズ**：L130×W99×H50mm

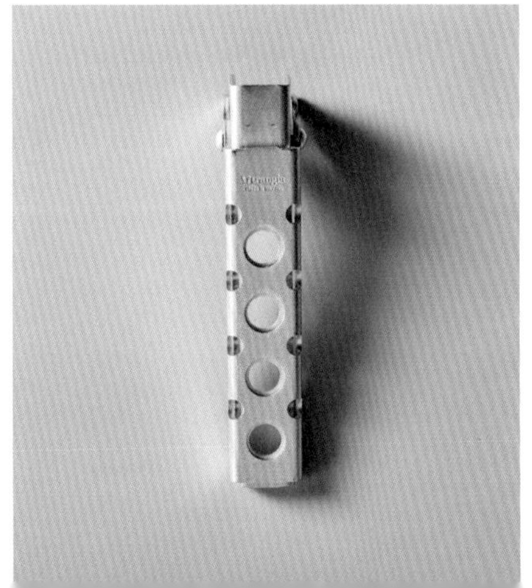

第2章 | chapter 2 What can we do with this ?

兵式飯ごう本体と中蓋で作る絶品定食レシピ

POINT_01

上段と下段で同時進行できて作り方も簡単なメニューを一挙紹介

(Theme 1)

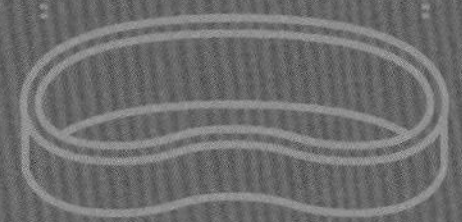

丼もの／プレート系レシピ

ふっくら炊けたごはんの上にたっぷりの具材。
その両方が、時間差なしで出来上がるのが
同時調理のメリット。それぞれの具材の味が
じんわりとごはんに染み渡ります。

トマト牛丼

丼もの

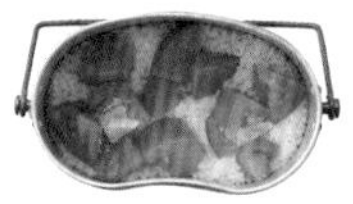

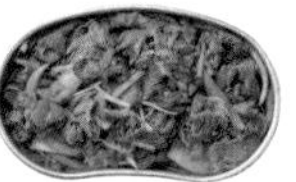

材料（1〜2人分）

本体

無洗米……1合
水……160ml
トマト……1個
塩……少々

外蓋・中蓋

牛肉切り落とし（こま切れ）……150g
酒……大さじ1
塩……少々
玉ねぎ（中）……1/2個
ショウガ……1片
すき焼きのたれ……大さじ3
サラダ油……適量
紅ショウガ……お好み

作り方

1 本体に無洗米と水を入れ、浸水させておく。

2 牛肉に酒と塩を振っておく。

3 外蓋にサラダ油を引き、1cm幅のくし切りにした玉ねぎをさっと炒める。軽く透き通ってきたら火を止め中蓋に移す。再び油を引き、牛肉も同様に焼き目が付くまでさっと炒め（火が通り切らなくてもOK）中蓋の玉ねぎの上にのせる。

4 3に千切りにしたショウガをのせ、すき焼きのたれを回しかける。

5 本体の米に、ざく切りにしたトマトと塩を加えて軽く混ぜ、平らにならしてから本体だけを中火にかける。沸いてきたら中蓋と外蓋をのせて弱火に落とし、12分ほど火にかける。

6 火を止めたら外蓋と中蓋を外し、本体のトマトごはんを軽く混ぜたのち、再度外蓋だけをのせて10分ほど蒸らす。その間に中蓋だけを1、2分ほど強火にかけて少し煮詰める。

7 煮詰めた牛肉をごはんにかけ、お好みで紅ショウガを添えれば出来上がり。

POINT／トマトはよく熟したものを選ぶとよい。すき焼きのたれが手に入らない時は、しょう油大さじ1、砂糖小さじ2、酒大さじ1を混ぜ合わせ、たれの代わりに加える。

広がるトマトの爽やかな酸味と
牛肉の甘辛な風味がベストマッチ

お揚げ入り親子丼

丼もの

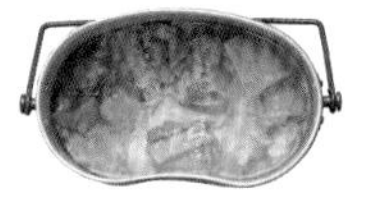

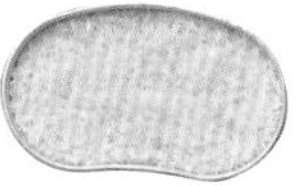

材料（1人分）

本体
鶏モモ肉……130g
塩……少々
玉ねぎ（中）……1/4個
めんつゆ（3倍濃縮タイプ）……大さじ2弱
水……100ml
油揚げ……1枚
たまご……2個
三つ葉……お好み

中蓋
無洗米……0.5合
水……90ml

作り方

1 中蓋に無洗米と水を入れ、浸水させておく。

2 鶏モモ肉をひと口大に切ったのち、軽く塩を振っておく。その後、本体に鶏モモ肉、スライスした玉ねぎ、食べやすい大きさに切った油揚げ、水、めんつゆを入れて強火にかける。

3 2が沸いてきたら弱火に落とし、中蓋と外蓋をのせて30分ほど火にかける。

4 火を止めて10分ほど蒸らしたら、外蓋と中蓋を取り外す。その後、本体だけを再度火にかけ、沸いたところに軽く溶いたたまごを2回に分けて流し込む。

5 流し込んだたまごをやさしく混ぜたのち、外蓋をのせて3秒ほど待ってから火を止める。

6 少し蒸らしてから外蓋を開け、たまごがとろとろになっていればOK。それをごはんにかけ、お好みで刻んだ三つ葉を散らせば出来上がり。

POINT／たまごは白身のコシを残しつつ、黄身がつぶれる程度に軽く溶くのがふわとろに仕上げるコツ。鶏モモ肉を先に焼いてから加えると香ばしくなり旨味もアップする。

お揚げからジュワッと染み出す
濃厚だしがやみつきになる

中華丼

丼もの

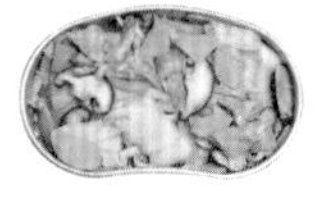

×

材料（1〜2人分）

外蓋・中蓋

白菜の浅漬け……90〜100g
椎茸……1個
ニンジン（中）……1/5本
豚バラ薄切り肉…… 80g
ショウガ……1片
ごま油……適量

A
- 砂糖…… 小さじ1/2
- オイスターソース……小さじ1＋1/2
- しょう油……小さじ1/2
- 片栗粉……小さじ1弱

本体

無洗米……1合
水……220ml

作り方

1 本体に無洗米と水を入れ、浸水させておく。

2 白菜の浅漬けは、漬け汁を切って軽く絞り、ひと口大にカットする。椎茸はスライス、ニンジンは薄いいちょう切りに、豚肉は食べやすい大きさに切っておく。ショウガは、すりおろしまたはみじん切りに。

3 外蓋にごま油を引き、**2**で切った椎茸、ニンジン、豚肉を入れて火にかけ、肉の色が変わりはじめるくらいまでさっと炒める。

4 火を止めたのち、**3**の外蓋に**2**で切った白菜の浅漬け、ショウガ、(A)を加え、混ぜ合わせてから中蓋に移す。

5 本体だけを中火にかけ、沸いてきたら中蓋と外蓋をのせて弱火に落とし、さらに12分ほど火にかける。

6 火から下ろして10分ほど蒸らしたのち、ごはんをよそい、中蓋の中華あんをかけていただく。

POINT／白菜の浅漬けは、ゆず白菜もおすすめ。ショウガはチューブのものでもOK。手順4で食材が混ぜにくい時は、いったん大きめのうつわで混ぜてから中蓋に移すとよい。

白菜漬けなら手軽に抜群の味わいに。
広がるほのかな酸味が食欲を誘う

鶏そぼろ丼

丼もの

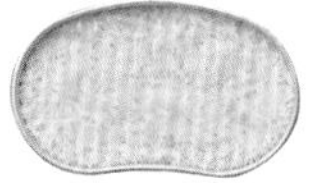

材料（1人分）

本体
鶏挽き肉……120g
ショウガ……1片
めんつゆ（3倍濃縮）
……大さじ2弱
水……150ml
ごま油……大さじ1
ニンジン……1/4本
小ネギ……お好み

中蓋
無洗米……0.5合
水……90ml

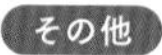
その他
たまご……1個

作り方

1 中蓋に無洗米と水を入れ、浸水させておく。

2 大きめに切ったフライパン用アルミホイルをシェラカップなどに敷き、そこにたまごを割り入れてからアルミホイル全体で包む。

3 本体にごま油と鶏挽き肉を入れて中火にかけ、ほぐしながら炒める。鶏挽き肉の色が変わってきたら、水、めんつゆ、すりおろしたショウガ、粗みじん切りにしたニンジンを加える。

4 沸いてきたら中蓋と外蓋をのせて弱火に落とし、30分ほど火にかける。

5 10分ほど経ったところで2をシェラカップごと外蓋にのせ、半熟たまごを作る。

6 火を止めて10分ほど蒸らしたのち、よそったごはんの上に鶏そぼろと半熟たまご、お好みで小口切りした小ネギをのせて出来上がり。

POINT／ショウガはチューブ入りを使ってもOK。ごま油はサラダ油でも代用可。半熟たまごの代わりに出来合いのだし巻きたまごをのせてもおいしい。

だしがしっかり染みたそぼろと
トロトロたまごのマリアージュ

紅ショウガで作る生姜焼き

プレート系

×

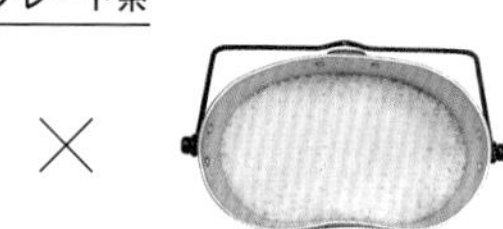

材料（1～2人分）

中蓋

豚バラ薄切り肉……140g
玉ねぎ（中）……1/4個
紅ショウガ……15g（大さじ2）
A［酒……大さじ1
ハチミツ……大さじ1
しょう油……大さじ1+1/2］

本体

無洗米……1合
水……220ml

作り方

1 本体に無洗米と水を入れ、浸水させておく。

2 中蓋にスライスした玉ねぎ、10cmほどの長さに切って広げた豚肉を半量ずつ交互に重ねる。間に刻んだ紅ショウガも挟む（玉ねぎ→豚肉→紅ショウガ→玉ねぎ→豚肉となる）。その後（A）を上から順に全体に回しかけて一番上の豚肉を裏返す。

3 本体だけを中火にかける。沸いてきたら中蓋と外蓋をのせて弱火に落とし、さらに12分ほど火にかける。

4 豚肉に火が通っていることを確認したら火から下ろし、10分ほど蒸らして出来上がり。中蓋の生姜焼きの蒸し汁は、お好みでごはんにかけていただく。

POINT／お好みで千切りキャベツを添えたり、紅ショウガを追加したりしてもよい。

蒸して作るジューシーな生姜焼きは
紅ショウガのほどよい酸味が決め手

タコライス

プレート系

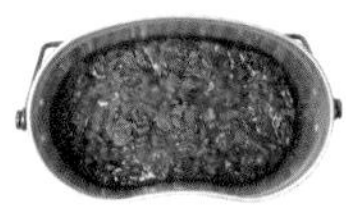

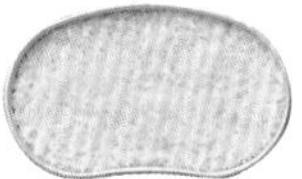

材料（1人分）

本体

ニンニク……1片
玉ねぎ（中）……1/4個
合い挽き肉……70g
A
- 野菜ジュース（食塩無添加）……200ml
- ウスターソース……大さじ1弱
- カレー粉……小さじ1/2
- 塩……少々
- コショウ……少々

オリーブオイル……適量

中蓋

無洗米……0.5合
水……90ml
【盛り付け用】
レタス……1枚
ピザ用チーズ……好みの量
ミニトマト……3個

作り方

1 中蓋に無洗米と水を入れ、浸水させておく。

2 本体にオリーブオイル、みじん切りしたニンニクを入れて中火にかけ、香りが立ってきたらみじん切りにした玉ねぎ、合い挽き肉を加えて炒める。

3 肉の色が変わってきたら（A）を加えて軽く混ぜる。

4 沸いてきたら中蓋と外蓋をのせて弱火に落とし、さらに30分ほど火にかける。

5 火から下ろして10分ほど蒸らしたのち、中蓋のごはんを外蓋（または別のうつわ）によそう。本体のタコミートは塩、コショウ（ともに分量外）で味をととのえる。

6 ごはんの上にタコミート、刻んだレタス、1/4にカットしたミニトマト、ピザ用チーズを盛り付けて出来上がり。混ぜながらいただく。

POINT／ニンニクはチューブのものでもOK。お好みでタバスコを振っても◎。タコミートはチップスを添えて、タコス風にして食べてもおいしい。

野菜ジュースで手軽に作れる
濃厚で深みのあるタコミート

ルーローハン

プレート系

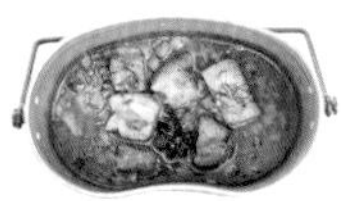

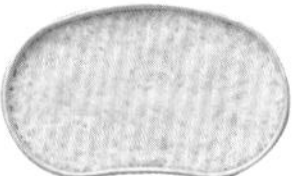

材料（1人分）

本体

椎茸……1個
ショウガ……1片
豚バラ塊肉……30g
ごま油……適量
ハチミツ……小さじ2

A
しょう油……小さじ2
オイスターソース……小さじ1
酒……50ml
水……100ml

B
フライドオニオン……大さじ1
八角……1個
五香粉……小さじ1/4

中蓋

無洗米……0.5合
水……90ml
【盛り付け用】
茹でたまご……1個
パクチー……お好み

作り方

1 中蓋に無洗米と水を入れ、浸水させておく。

2 椎茸は粗みじん切りに、ショウガはみじん切りにする。豚バラ塊肉は2.5cm角に切っておく。

3 本体にごま油を引き、2を入れて中火で炒める。豚肉の色が変わってきたらハチミツを加え、肉に軽く焼き色が付くまで炒める。

4 3に（A）を加える。沸いたらアクを取り除き（B）を加える。弱火に落とし、中蓋と外蓋をのせてさらに30分ほど火にかける。

5 火を止めて10分ほど蒸らしたのち、外蓋と中蓋を取り外す。本体にまだ水気が多く残っている場合は、再び火にかけて煮詰める。

6 ごはんをうつわによそい、本体で煮込んだ豚肉をかける。半分に切った茹でたまごと、お好みでパクチーを添えて出来上がり。

POINT／ショウガはチューブ入りのものでもOK。八角と五香粉は両方あればベストだが、なければどちらかひとつでも香りが出る。八角入りの五香粉もある。

ゴロゴロ豚肉が食欲をそそる
八角＆五香紛香る本格台湾メシ

デミオムライス

材料（1人分）

本体

無洗米……0.5合　水……110ml
玉ねぎ（中）……1/4個　ピーマン（小）……1個
ソーセージ（小）……2本
ケチャップ……大さじ山盛り1
バター……半かけ（5g）
コショウ……少々

中蓋

ミニトマト……3個
A ケチャップ……大さじ1弱
ウスターソース……大さじ2弱
砂糖……ふたつまみ　バター……半かけ（5g）

その他

たまご……2個　塩……少々　コショウ……少々

作り方

1 本体に無洗米と水を入れ、浸水させておく。その後、粗みじん切りにした玉ねぎ、横向きに細切りしたピーマン、1cm厚の斜め切りにしたソーセージ、ケチャップ、バターを加えて混ぜる。

2 中蓋に半分に切ったミニトマトと（A）を合わせる。

3 本体だけを中火にかけ、沸いてきたら中蓋と外蓋をのせ、弱火に落とす。さらに12分ほど火にかける。火から下ろして10分ほど蒸らしたのち、本体のケチャップライスにコショウを振って軽く混ぜ、塩（分量外）で味をととのえる。

4 シェラカップなどにたまごを割って溶きほぐし、塩、コショウを振っておく。

5 フライパン用アルミホイルを、外蓋の底と側面にぴったり沿わせながら広げフチまで包む。そこに4を流し入れて中火にかける。

6 アルミホイルが破れないように箸などでかき混ぜながら、たまごに火を入れる。たまごが半熟になったら火を止めて、その上に3で炊き上がったケチャップライスをのせる。

7 アルミホイルを閉じてから、ラグビーボール状になるように手で形を整えたのち、裏返して外蓋（またはお皿）に盛り付ける。最後に3で出来上がった中蓋のソースをよく混ぜ、たまごの上にかければ出来上がり。

POINT／アルミホイルは、外蓋から大きくはみ出るくらいのサイズで準備しておくと包みやすい。ケチャップライスをのせ、形を整える時は外蓋から取り出して行うとよい。

(Theme 2)

蒸し料理＋主食系レシピ

調理の際に生まれる水蒸気を有効活用。
ヘルシーでホクホクな蒸し料理も、飯ごうがあれば
驚くほど簡単。旨味たっぷりの
炊き込みごはんとともに、定食は完成。

（Theme 2）蒸し料理＋主食系

キャベツのシュークルート風＋洋風タコごはん

蒸し料理

主食

材料（1〜2人分）

中蓋

千切りキャベツ……外蓋に収まる量
塩（揉み込み用）……適量
ソーセージ……2本
厚切りベーコン（ハーフ）……2枚
レモン汁……大さじ1
バター……半かけ（5g）
粒マスタード……小さじ1
コショウ……適量

本体

ニンニク……1片
玉ねぎ……1/4個
オリーブオイル……大さじ1
蒸しタコ……110g
無洗米……1合
水……240ml
塩……小さじ1/4
パセリ……お好み

作り方

1 千切りキャベツは、しっかり塩を揉み込んで15分ほどおく。その後出てきた水気を軽く絞り中蓋に入れる。

2 1の中蓋にソーセージと短冊切りにしたベーコンを加え、レモン汁を回しかけてからバターをのせる。

3 本体にスライスしたニンニクとみじん切りにした玉ねぎ、オリーブオイルを入れ、弱火で炒める。玉ねぎが透き通ってきたら、薄切りにした蒸しタコを加えてさらに炒める。

4 蒸しタコから水分が出てきたら無洗米を加え、旨味を吸わせるように軽く混ぜ炒める。タコが透き通ってきたら水と塩を加え中火にする。

5 沸いてきたら中蓋と外蓋をのせて弱火に落とし、15分ほど火にかける。

6 火を止めてから10分ほど蒸らしたのち、外蓋を開けて中蓋に粒マスタードを加える。コショウをしっかりと振り、混ぜて塩（分量外）で味をととのえたらキャベツのシュークルート風は完成。

7 本体のタコごはんは、お好みで刻んだパセリをかければ出来上がり。

POINT／ニンニクはチューブ入りのもので代用してもOK。ワインにもよく合うレシピ。

タコのやさしい旨味に
キャベツの酸味がアクセント

(Theme 2) 蒸し料理+主食系

茶碗蒸し+ジャガイモごはん

蒸し料理

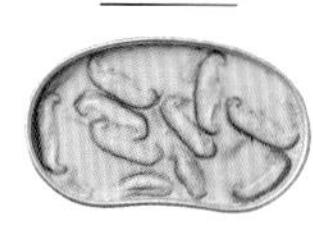

×

主食

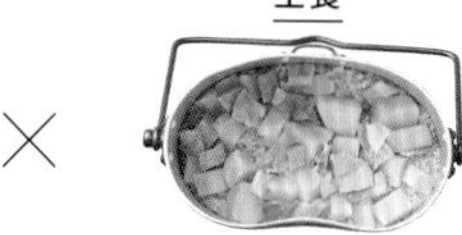

材料(1~2人分)

外蓋・中蓋

たまご……1個
椎茸……1個
A 白だし……大さじ1
A 塩……少々
A 水……150ml
三つ葉……お好み

本体

無洗米……1合
水……210ml
ジャガイモ(中)……1個
ベーコン(ハーフ)……4枚
しょう油……小さじ2
小ネギ……お好み

作り方

1 本体に無洗米と水を入れ、浸水させておく。

2 ジャガイモは芽を取り、皮を剥いてから2cm角に切り、水にさらしておく。ベーコンも2cm角に切っておく。

3 外蓋にたまごを割ってよく溶いたのち、ざるなどで濾して中蓋に流し入れる。その後、中蓋に(A)を加えて混ぜ、スライスした椎茸を散らし入れる。

4 本体に2としょう油を加え、本体だけを中火にかける。沸いてきたら中蓋と外蓋をのせて弱火に落とし、さらに12分ほど火にかける。

5 中蓋の茶碗蒸しが固まっていることを確認したら火を止め、10分ほど蒸らしたのちにお好みで三つ葉を散らす。ジャガイモごはんは軽く混ぜて、お好みで小口切りした小ネギをかければ出来上がり。

POINT / ジャガイモごはんの炊き上がりにバターを加えて混ぜてもおいしい。

ホクホクのジャガイモごはんと
味わい深い茶碗蒸しは相性抜群

(Theme 2) 蒸し料理＋主食系

鶏とニンジン蒸し＋なめこの炊き込みごはん

蒸し料理

主食

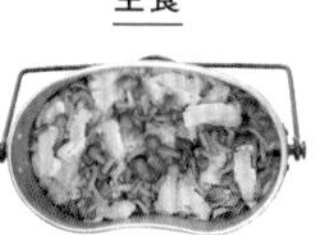

材料（1〜2人分）

中蓋

ニンジン（中）
……1/2本くらい（中蓋に並べられる量）
鶏モモ肉……150g
塩……小さじ1/4
レモン汁……大さじ1
バター……1かけ（10g）
コショウ……適量
パセリ……適量

本体

無洗米……1合
水……210ml
白だし……大さじ1
油揚げ……1枚
なめこ……1パック

作り方

1 本体に無洗米と水を入れ、浸水させておく。その後白だしを加えて混ぜ、短冊切りにした油揚げとなめこを全体に散らし入れる。

2 中蓋に3mm厚の輪切りにしたニンジンとひと口大に切った鶏肉を入れ、塩を全体に振ったのち、レモン汁を加えバターをのせる。

3 本体だけを中火にかけ、沸いてきたら中蓋と外蓋をのせて弱火に落とし、さらに12分ほど火にかける。

4 火から下ろし10分ほど蒸らしたのち、外蓋と中蓋を取り外して本体の炊き込みごはんをほぐす。鶏とニンジン蒸しは、コショウと刻んだパセリを振りかけて出来上がり。

POINT / なめこの炊き込みごはんに三つ葉をのせても◎。鶏とニンジン蒸しのパセリはなくてもよいが、あると見た目がよくなるだけでなく、味も締まっておいしくなる。

ニンジンの甘みにつるんとした
なめこがおいしい炊き込みごはん

(Theme 2) 蒸し料理＋主食系

包まないシュウマイ＋炊き込み炒飯

蒸し料理

主食

□丼もの／プレート系
☑蒸し料理＋主食系
Hango chapter 2 絶品定食レシピ
□スープ＋主食系
□煮込み料理＋主食系
□2品料理／応用料理系

材料（1〜2人分）

中蓋

豚挽き肉……100g
えのき茸……1/2袋
玉ねぎ（中）……1/4個
B［酒……大さじ1/2
　しょう油……大さじ1
　塩……少々

本体・外蓋

無洗米……1合
水……200ml
長ネギ……1/2本
ごま油……少々（炊飯用）
A［鶏がらスープの素……小さじ1
　しょう油……小さじ1/2
ごま油……大さじ1（炒め用）
ニンニク……1片
たまご……1個
メンマ……50g
小ネギ……お好み

作り方

1 本体に無洗米と水を入れ、浸水させておく。その後みじん切りした長ネギ、(A)、ごま油を加えて混ぜておく。

2 ポリ袋などに豚挽き肉、1cmの長さに切ってほぐしたえのき茸（記載分量の2/3）とみじん切りにした玉ねぎ、(B)を入れ、粘り気が出てひとまとまりになるまでよく揉み混ぜる。

3 中蓋に1cmの長さに切ってほぐしたえのき茸（記載分量の1/3）を敷き、その上に**2**を入れる。

4 本体だけを中火にかけ、沸いてきたら中蓋と外蓋をのせて弱火に落とす。さらに12分ほど火にかけたのち、火から下ろして本体の炒飯を10分ほど蒸らす。

5 蒸らしている間に外蓋だけを取り外し、そこにごま油とみじん切りにしたニンニクを加えて火にかける。ニンニクの香りが立ってきたら、溶きたまごを加え、半熟の炒りたまごをつくる。

6 本体に**5**と刻んだメンマを加えて混ぜ合わせ、塩、コショウ（ともに分量外）で味をととのえる。お好みで小口切りした小ネギをかければ出来上がり。中蓋のシュウマイはスプーンですくっていただく。

POINT／シュウマイはお好みでポン酢やからしをつけたり、炒飯に混ぜ込んで一緒に食べたりしてもおいしい。

メンマの旨味がきいた本格炒飯&
えのきの食感が決め手のシュウマイ

（Theme 2）蒸し料理＋主食系

さばとトマトのアクアパッツァ風＋鶏とかぼちゃのパエリア

蒸し料理

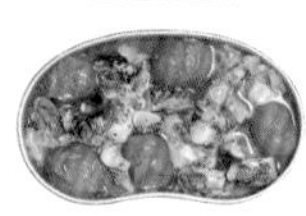

×

主食

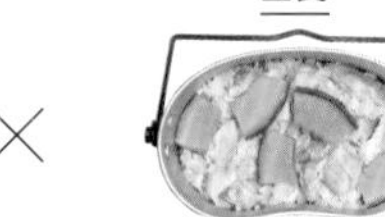

材料（1〜2人分）

中蓋

キャベツ（中）……1枚
(中蓋に敷き詰められる量)
さば缶（水煮）……1缶
ミニトマト……5個
ニンニク……1片
酒……大さじ1
塩……適量
コショウ……適量
パセリ……お好み

本体

ニンニク……1片
玉ねぎ（中）……1/4個
かぼちゃ……80g
鶏モモ肉……100g
塩（下味用）……適量
オリーブオイル……大さじ1
無洗米……1合
水……240ml
塩……小さじ1/4
コショウ……適量

作り方

1 中蓋にひと口大にカットしたキャベツ（または市販のカットキャベツ）を敷き、その上にさば缶を汁ごと入れて軽くほぐす。その後、ミニトマトをさばの間に散らし入れ、スライスしたニンニクも散らす。さらに酒を回しかけて、塩、コショウを全体に振る。

2 本体に入れるニンニクはみじん切り、玉ねぎは粗みじん切りに、かぼちゃは1cm厚のひと口大にカットしておく。鶏肉は小さめのひと口大に切り、強めに塩を振っておく。

3 本体にオリーブオイルとニンニクを入れて火にかける。香りが立ってきたら、2の鶏肉と玉ねぎを加えて炒める。玉ねぎが透き通ってきたらかぼちゃを加え、油を回すように軽く炒める。

4 3に無洗米を加えて軽く炒めたら、水と塩、コショウを加える。沸いてきたら弱火に落とし、軽くかき混ぜてから具材をととのえる。

5 本体に中蓋と外蓋をのせ、さらに15分ほど火にかける。火から下ろして10分ほど蒸らしたら、本体のパエリアはコショウ（分量外）を振って軽く混ぜる。中蓋にはお好みで刻んだパセリをかけ、塩、コショウ（ともに分量外）で味をととのえれば出来上がり。

POINT ／ ニンニクはチューブタイプで代用してもOK。パエリアには、最後にバターを加えてもコクが出ておいしい。

さばとトマトの絶品コンビのおかげで
ほくほくパエリアはおかわり必至

ネギのオイル蒸し+鶏と梅の炊き込みごはん

蒸し料理

×

主食

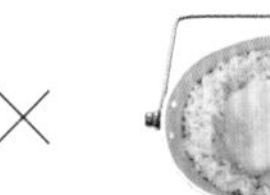

材料（1～2人分）

中蓋

長ネギ（白い部分）……1本
ニンニク……1片
ごま油……大さじ1
塩……適量

本体

無洗米……1合
水……200ml
鶏モモ肉……200g（1枚）
塩……小さじ1/2
酒……大さじ1
昆布……3cm角
梅干し（大）……1個（しょっぱい系）
砂糖……小さじ1/2
しょう油……小さじ1/2
薬味（ミョウガ・小ネギ・大葉）……お好み

作り方

1 本体に無洗米と水を入れ、浸水させておく。鶏肉には塩と酒を振っておく。

2 1の本体に砂糖、しょう油を加えて軽く混ぜ、昆布と梅干し、鶏肉をのせる。

3 中蓋に3cm幅に切った長ネギを入れ、スライスしたニンニクとごま油、塩（全体に強めに）を加える。さらに、しょう油をひと回しして軽く混ぜる。

4 3の中蓋を中火にかけ、長ネギに軽く焼き目が付くまで焼いておく。

5 本体だけを中火にかけ、沸いてきたら中蓋と外蓋をのせて弱火に落とし、さらに12分ほど火にかける。

6 火から下ろして10分ほど蒸らしたら、本体の鶏肉をひと口大に切り、ごはんと混ぜ合わせたのちにお好みで刻んだ薬味をかけて出来上がり。中蓋の長ネギは味を確認して、お好みで塩、しょう油（分量外）をかけていただく。

POINT／ネギのオイル蒸しに使うニンニクは、チューブ入りのものでもOK。薬味はたっぷり使うのがおすすめ。

ごま油香るとろとろネギが
鶏×梅の旨味を引き立てる

(Theme 2) 蒸し料理+主食系

鶏とブロッコリーのレモン蒸し+アボカドの炊き込みごはん

蒸し料理

×

主食

材料（1〜2人分）

中蓋

ブロッコリー……中蓋に収まる量
焼き鳥缶（塩）……1缶
レモン……輪切り1スライス

本体

無洗米……1合
水……220ml
アボカド……1個
厚切りベーコン（ハーフ）……2枚
しょう油……小さじ2
かつお節……適量
コショウ……適量

作り方

1 本体に無洗米と水を入れ、浸水させておく。その後しょう油を加えて軽く混ぜ、半分に切って皮と種を取り除いたアボカドと、4等分に短冊切りしたベーコンをのせる。

2 中蓋に小房にわけたブロッコリーと焼き鳥缶の中身を並べ、半月切りにしたレモンをのせる。

3 本体だけを中火にかける。沸いてきたら中蓋と外蓋をのせて弱火に落とし、さらに12分ほど火にかける。

4 火から下ろして10分ほど蒸らしたのち、炊き込みごはんをほぐし混ぜ、かつお節とコショウをかけたら出来上がり。

POINT / 焼き鳥缶の代わりにお惣菜の焼き鳥を使ってもよい。生の鶏肉を小さく切って塩を振って加えてもOK。スライスレモンはレモン汁（大さじ1/2）でも代用可。

鶏のエキスを吸ったブロッコリーと
とろとろのアボカドが至福のごはん

(Theme 2) 蒸し料理＋主食系

焼きししゃものオイル蒸し＋おでんの炊き込みごはん

蒸し料理

×

主食

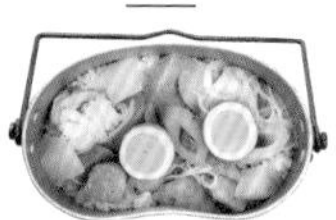

材料（1～2人分）

中蓋
- 椎茸……3個
- 焼きししゃも……5本
- ニンニク……1片
- 塩……少々
- しょう油……少々
- オリーブオイル……大さじ1

本体
- 無洗米……1合
- パックおでん……1人前（1パック分）
- しょう油……小さじ1
- ショウガ……1片
- 小ネギ……お好み

作り方

1 本体に無洗米とパックおでんのつゆ210mlを入れ、浸水させておく。その後しょう油を加えて軽く混ぜ、食べやすくひと口大に切ったおでんの具をのせる。

2 中蓋に4等分した椎茸を入れて軽く塩を振り、しょう油をひと回しかける。続けて焼きししゃもを入れたのち、スライスしたニンニクをのせ、オリーブオイルを回しかける。

3 本体だけを中火にかける。沸いてきたら中蓋と外蓋をのせて弱火に落とし、さらに12分ほど火にかける。

4 火から下ろして10分ほど蒸らしたのち、本体の炊き込みごはんをほぐし、千切りにしたショウガと、お好みで刻んだ小ネギをかければ出来上がり。

POINT / 炊き込みごはんに加えるショウガを紅ショウガに代えてもおいしい。オイル蒸しの椎茸は省略可。ほかのきのこでもOK。

おでんのだし汁を上手に使って
炊き込みごはんを格上げ！

(Theme 2) 蒸し料理＋主食系

鮭と春菊のホイル蒸し＋ほうじ茶めし

鮭の塩味と春菊の風味の共演を
バターとレモンが高みに押し上げる

材料（1～2人分）

本体

無洗米……1合
ほうじ茶……220ml
塩……ひとつまみ

中蓋

春菊……適量
塩鮭の切り身（甘口）……1切れ
しめじ……適量
バター……半かけ（5g）
レモン……輪切り1/2スライス
しょう油……少々
酒……小さじ2

作り方

1 本体に無洗米とほうじ茶を入れ、浸水させておく。その後、塩も加える。

2 中蓋にアルミホイルを広げて敷いて春菊を置く。その上に塩鮭の切り身としめじをのせる。

3 2の上にバターと半月切りにしたレモンをのせ、しょう油と酒を全体に回しかけてアルミホイルを閉じる。

4 本体だけを中火にかける。沸いてきたら3の中蓋と外蓋をのせて弱火に落とし、さらに12分ほど火にかける。

5 塩鮭の切り身に火が通っていることを確認したら火から下ろし、10分ほど蒸らせば出来上がり。

POINT／ほうじ茶はペットボトルのものでOK。塩鮭は火の通りがよい薄めの切り身がおすすめ。しめじの代わりにさつまいもを入れてもおいしい。

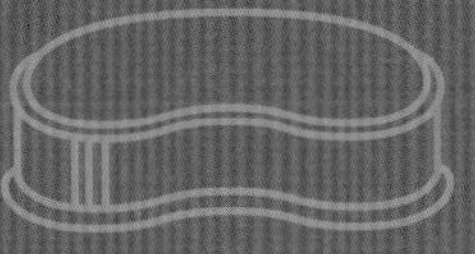

(Theme 3)

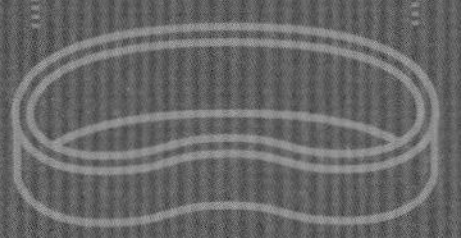

スープ＋主食系レシピ

アツアツで具だくさんのスープを添えれば
食卓がより豪華になること間違いなし！
焚き火の炎を眺めながら、
素材の味わいを心ゆくまで楽しんで。

(Theme 3) スープ＋主食系

ポトフ＋コーンチーズ蒸しパン

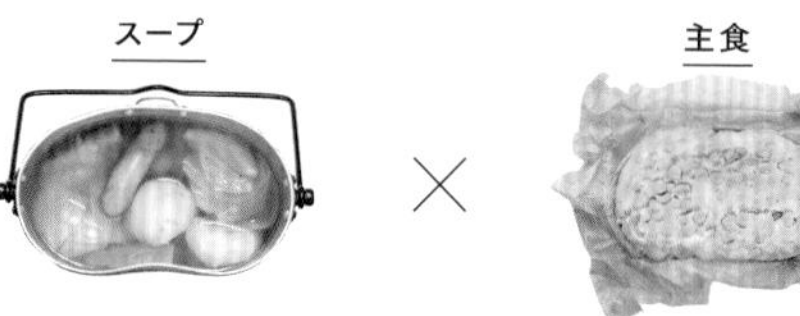

材料（1～2人分）

本体

玉ねぎ（中）……1/2個
ニンジン（中）……1/4個
カブ（中）……1個
ソーセージ（小）……3本
水……350ml
コンソメキューブ……1/2個
オリーブオイル……小さじ1

中蓋

たまご……1個
コーン缶（100～120g）……1缶
ホットケーキミックス……100g
ベビーチーズ
……2個（1個15g程度）
サラダ油……大さじ1

作り方

1 本体に、1/4サイズ（1/2個を半分にカット）のくし切りにした玉ねぎ、縦半分に切ったニンジン、半分に切ったカブ、ソーセージ、水、砕いたコンソメキューブ、オリーブオイルを入れる。

2 大きめのうつわにたまご、コーン缶の汁（大さじ3）だけを入れてしっかり溶き混ぜる。

3 2にコーン缶の実の2/3とホットケーキミックスを加え、ダマがなくなるまで混ぜる。その後サラダ油も加えて混ぜる。

4 中蓋にクッキングシートを大きめに敷いて3を流し込み、1cm角に切ったベビーチーズと残りのコーンの実1/3を散らす。外蓋に生地がくっつかないように、敷いたクッキングシートの端で包むように蓋をする。

5 本体だけを中火にかける。沸いてきたら4の中蓋と外蓋をのせて弱火に落とし、さらに20～30分ほど火にかけていく（外蓋が浮いてくるがそのままでOK）。

6 蒸しパンの真ん中に串などを刺し、生地が付いてこないようなら出来上がり。本体のポトフは塩、コショウ（ともに分量外）で味をととのえてからいただく。

POINT ／ ポトフのカブはジャガイモに代えてもOK。ホットケーキミックスを加えてから混ぜすぎないことが、蒸しパンをふんわり仕上げるコツ。

食べ応え満点のごろごろ野菜ポトフと
ふんわり仕上げた蒸しパンのW主演

(Theme 3) スープ+主食系

豚ごろごろ豚汁+干し芋の炊き込みごはん

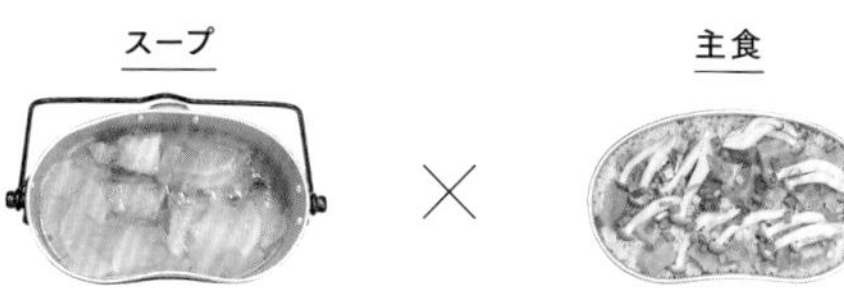

材料（1人分）

外蓋・本体

豚バラ塊肉……100g
大根……適量
ニンジン……1/4〜1/5本
ごま油……適量
水……400ml
味噌……適量

中蓋

無洗米……0.5合
水……100ml
干し芋……40g
しめじ……ひとつかみ
しょう油……小さじ1
バター……半かけ（5g）
小ネギ……お好み

作り方

1 中蓋に無洗米と水を入れ浸水させておく。その後しょう油を加えて軽く混ぜ、1.5cm角に切った干し芋と石づきを取ったしめじを散らし入れる。

2 外蓋にごま油を引いて火にかけ、2.5cm角に切った豚バラ塊肉を、全面に焼き目が付くまで焼いておく。

3 本体に5mm厚のいちょう切りにした大根とニンジン、2で焼いた豚肉、水を入れて強火にかける。

4 沸いてきたら中蓋と外蓋をのせて弱火に落とし、さらに30分ほど火にかける。

5 火から下ろし、10分ほど蒸らす。本体の豚汁は、好みの味になるように味噌を溶き入れたら出来上がり。中蓋の炊き込みごはんはバターを加えて混ぜ、お好みで刻んだ小ネギをかけていただく。

POINT ／ 豚汁は豚肉を先に焼いてから加えることで、香ばしさが加わり油っぽさも抑えられる。焼いた時に出た油は汁に加えず、拭き取っておくとよい。

優しい甘さともちもち食感の干し芋は
バターのコクと風味で魅力倍増

(Theme 3) スープ+主食系

焼ききのこの味噌汁+ひじき煮ごはん

スープ

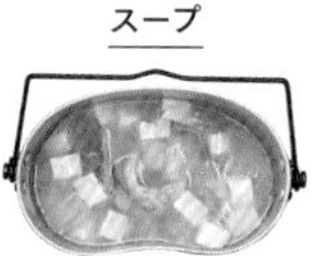

主食

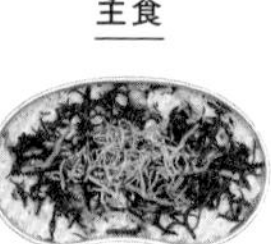

材料（1人分）

外蓋・本体

舞茸……1/2株
長ネギ……1/3本
ごま油……適量
豆腐……150g
水……400ml
味噌……適量

中蓋

無洗米……0.5合
水……80ml
ひじき煮（惣菜パック）……40〜50g
しょう油……小さじ1/2
大葉……お好み

作り方

1 中蓋に無洗米と水を入れて浸水させておく。その後しょう油を加えて軽く混ぜ、ひじき煮をのせる。

2 外蓋にごま油を引き、小房にわけた舞茸と2cm幅に輪切りした長ネギを焼き目が付くまで焼く。

3 本体に2の舞茸と長ネギ、水を入れて強火にかける。沸いてきたら中蓋と外蓋をのせて弱火に落とし、さらに30分ほど火にかける。

4 火から下ろして10分ほど蒸らしたのち、中蓋の炊き込みごはんにお好みで千切りにした大葉をのせる。

5 本体だけを再び火にかけ、さいの目切りにした豆腐と味噌を加えて溶かし、好みの味にととのえたら出来上がり。

POINT / 味噌汁の具材の量はお好みで調整する。舞茸と長ネギは香ばしさを出すため、焼き目をしっかり付けたい。ひじきごはんの大葉はたっぷりのせるのがおすすめ。

ひじき煮と大葉の香りが相性◎
きのことネギの香ばしさも絶妙

(Theme 3) スープ+主食系

だしいらずの味噌汁+牛のビア炊きごはん

スープ

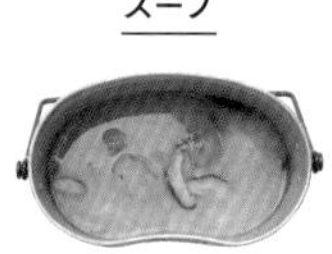

主食

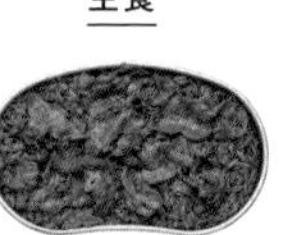

材料（1人分）

本体

ジャガイモ（中）……1個
玉ねぎ（中）……1/4個
椎茸……1個
水……400 ml
味噌……適量

外蓋・中蓋

無洗米……0.5合
黒ビール……100ml
牛コマ切れ肉……50g
ショウガ……1/2片
ニンニク……1/2片
しょう油……小さじ1
サラダ油……少々
A［しょう油……小さじ1
　 砂糖……小さじ1/2
小ネギ……お好み

作り方

1 中蓋に無洗米と黒ビールを入れ、浸水させておく。ビールの泡は消えるのを待つか、泡を取り除いて分量をはかる。牛コマ切れ肉は2cm幅に切り、ショウガとニンニクはみじん切りにしておく。

2 外蓋にサラダ油を引き、1のショウガとニンニク、牛肉を入れて中弱火にかける。香りが立ってきたらしょう油を加え、ほぐしながらさっと炒める。

3 1の中蓋に（A）を加えて混ぜ、2をのせる。

4 本体に、半分に切ったジャガイモ、くし切りにした玉ねぎ、5mm幅にスライスした椎茸を入れる。

5 4に水を入れ、本体だけを強火にかける。沸いてきたら弱火に落とし、3の中蓋と外蓋をのせてさらに30分ほど火にかける。

6 火から下ろして10分ほど蒸らしたのち、中蓋の炊き込みごはんに小口切りにした小ネギを散らす。

7 本体だけを再び火にかけ、味噌を加えて溶かし、好みの味にととのえたら出来上がり。

POINT／黒ビールがなければ普通のラガービールで代用してもOK。ショウガ、ニンニクはチューブのものでもOK。炊き込みごはんにレモンを絞ってもおいしい。

柔らかな牛肉からにじむ旨味に
黒ビールのほのかな苦みが絡み合う

(Theme 3) スープ+主食系

食べる豆のスープ+オイルサーディンごはん

材料(1人分)

本体

ニンニク……1片
玉ねぎ(中)……1/2個
ニンジン(中)……1/4本
セロリ……1/4本
ベーコン(ハーフ)……2枚
オイルサーディン缶のオイル(またはオリーブオイル)……適量

A
- 塩……適量
- クミンシード……ひとつまみ
- ミックスビーンズ……50g(1パック)
- 水……300ml

鷹の爪……お好み

中蓋

無洗米……0.5合
トマトジュース……100ml
コンソメキューブ……1/4個
砂糖……ひとつまみ
オイルサーディンの缶詰……4匹程度(30〜40g)
黒オリーブ……1個
パセリ……お好み
レモン……お好み

作り方

1 中蓋に無洗米とトマトジュースを入れ、浸水させておく。

2 1に砕いたコンソメキューブと砂糖を加えて軽く混ぜる。その後オイルサーディンを並べ、スライスした黒オリーブを散らす。

3 本体にオイルサーディン缶のオイル(またはオリーブオイル)、スライスしたニンニク、それぞれ1cm角に切った玉ねぎ、ニンジン、セロリ、ベーコンと(A)を加え、強火にかける。お好みで鷹の爪を入れてもよい。

4 沸いてきたら2の中蓋と外蓋をのせて弱火に落とし、さらに30分ほど火にかける。

5 火から下ろして10分ほど蒸らしたら、中蓋のごはんにお好みで刻んだパセリをかける。お好みでレモンを絞ってもよい。本体のスープは塩(分量外)で味をととのえたら出来上がり。

POINT / スープのニンニクはチューブでもOK。クミンシードなしでもシンプルでおいしい。ベーコンは厚切りのほうが食べ応えがあっておすすめ。薄切りのものなら量を増やしてもよい。

野菜と豆の味わいが複雑に交差する
「ガッツリ食べられる」スープ

(Theme 3) スープ+主食系

きんぴらごはん+鶏の味噌汁

材料(1人分)

本体

鶏モモ肉……50g
里芋(中)……2個
ニンジン……1/4～1/5本
水……400ml
味噌……適量
小ネギ……適量

中蓋

無洗米……0.5合
水……90ml
しょう油……小さじ1/2
きんぴらごぼう(総菜パック)……30g
白ごま……お好み

作り方

1 中蓋に無洗米と水を入れ、浸水させておく。その後、しょう油を加えて軽く混ぜ、きんぴらごぼうをのせる。

2 鶏肉はひと口大に、里芋も皮をむいてからひと口大に切っておく。ニンジンは1cm厚の半月切りにする。

3 本体に2でカットした鶏肉、里芋、ニンジンと水を加え、強火にかける。

4 沸いてきたら中蓋と外蓋をのせて弱火に落とし、さらに30分ほど火にかける。

5 火から下ろして10分ほど蒸らす。本体の味噌汁は好みの味になるように味噌を溶き入れ、刻んだ小ネギを加えたら出来上がり。中蓋の炊き込みごはんは軽く混ぜ、お好みで白ごまをかけていただく。

POINT / きんぴらごはんには、焼き鳥やしめじなどを加えてもおいしい。

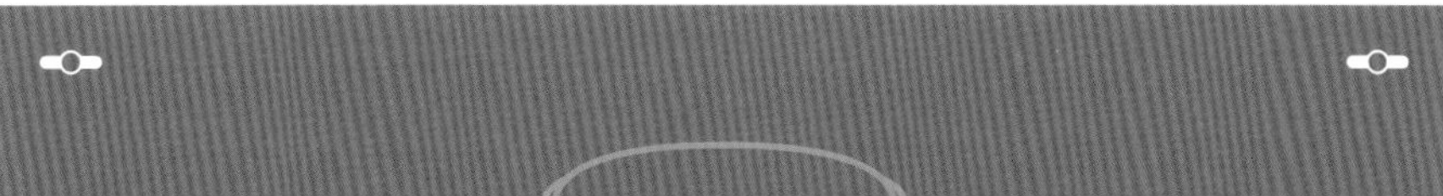

(Theme 4)

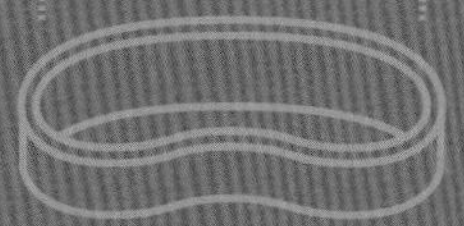

煮込み料理＋主食系レシピ

お好みの具材をカットして、本体に投入。
じっくりコトコト煮込めば、
味わいが凝縮された煮込み料理の完成です。
ほっこりとやさしいテイストを満喫して。

コンビーフシチュー＋カニカマピラフ

煮込み料理

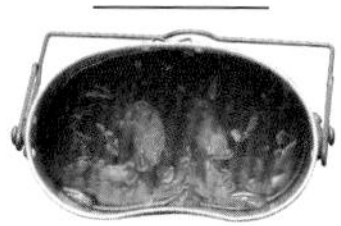

主食

材料（1人分）

本体

玉ねぎ（中）……1/2個
ニンジン（中）……1/3本
ニンニク……1片
コンビーフ……1缶（80g）
バター……1かけ（10g）

A
- 野菜ジュース（食塩無添加・トマト入り）……200ml
- 水……100ml
- ウスターソース……小さじ1
- ケチャップ……小さじ1

中蓋

無洗米……0.5合
水……90ml
コンソメキューブ……1/2個
玉ねぎ（中）……1/8個
ニンジン（中）……1/5本
カニカマ（小）……4～5本（30～40g）

作り方

1 中蓋に無洗米と水を入れ、浸水させておく。

2 ピラフ用（中蓋）の玉ねぎとニンジンはみじん切りにしておく。カニカマは1cmほどに刻み軽く裂いておく。

3 1の中蓋にコンソメキューブを砕き入れてかき混ぜ、2を全体に散らす。

4 ビーフシチュー用（本体）の玉ねぎは5mm厚のスライスに、ニンジンは5mm厚の半月切りにする。ニンニクもスライスしておく。

5 本体にバターを溶かしたら4とコンビーフを入れてほぐし、中火で軽く炒める。

6 玉ねぎに焼き目が付きはじめたら、本体に（A）を加えて強火にする。沸いてきたら中蓋と外蓋をのせて弱火に落とし、30分ほど火にかける。

7 火から下ろし、10分ほど蒸らしたら外蓋を外す。ビーフシチューは塩、コショウ（ともに分量外）で味をととのえて出来上がり。

POINT / コンビーフシチューは、水の半量を赤ワインに変えるとよりコクが出る。スライスマッシュルームを加えてもおいしい。ニンニクはチューブでも代用可。

野菜ジュースで作るシチューの
驚きの味わいをとくとご堪能あれ

(Theme 4) 煮込み料理+主食系

大根と鶏のごま煮+海苔の炊き込みごはん

煮込み料理

×

主食

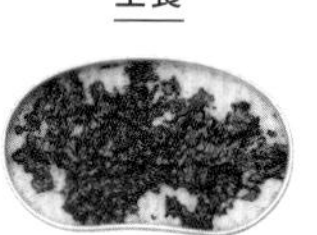

材料(1人分)

本体

大根……1/4〜1/5本
ショウガ……1片
鶏モモ肉……120g

A
- 酒……大さじ1
- めんつゆ(3倍濃縮)……大さじ1
- しょう油……小さじ1/2
- 水……100ml

白すりごま……大さじ1

中蓋

無洗米……0.5合
海苔(全形)……1/2枚
塩……小さじ1/4弱
水……90ml

作り方

1 中蓋に無洗米と水を入れて浸水させたのち、塩を加えて混ぜ、海苔を小さくちぎって散らしておく。

2 本体に、皮をむいて2cm厚の半月切りにした大根、千切りにしたショウガ、ひと口大に切った鶏モモ肉と(A)を入れて中火にかけ、クッキングシートまたはアルミホイルで落とし蓋をする。

3 2が沸いてきたら、1の中蓋と外蓋をのせて弱火に落とし、さらに30分ほど火にかける。

4 火から下ろして10分ほど蒸らしたのち、外蓋と中蓋を取り外す。本体の煮物は、白すりごまを加えてさっと和えたら出来上がり。中蓋の炊き込みごはんは混ぜてからいただく。

POINT / ごま煮が煮詰まりすぎてしまったら、少し水を加えて調整する。ショウガはチューブのものでもOK。

滋味に富む煮物を輝かせるのは
豊かに広がる海苔の風味のなせる業

(Theme 4) 煮込み料理+主食系

塩豚のマスタード煮+アサリごはん

煮込み料理

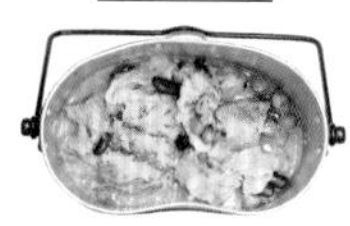

主食

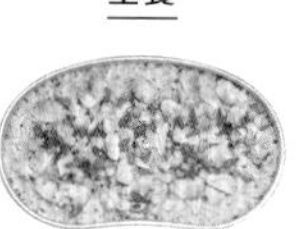

材料（1人分）

本体

豚ロース塊肉……100g
塩（下味用）……適量
キャベツ……外蓋に山盛りくらい
オリーブオイル……適量

A
酒……100ml
粒マスタード……大さじ1
ミックスビーンズ水煮
……50g（1パック）

中蓋

無洗米……0.5合
アサリ缶の汁
……80 ml（足りない場合は水を加える）
アサリ缶のアサリ
……1/2〜2/3缶（30gほど）
酒……大さじ1
しょう油……小さじ1弱
ショウガ……1片
小ネギ……適量

作り方

1 中蓋に無洗米を入れ、アサリ缶の汁を加え浸水させておく。その後、酒、しょう油、みじん切りにしたショウガを加えて軽く混ぜ、アサリ缶のアサリをのせる。

2 豚ロース塊肉をひと口大にカットし、強めに塩を振っておく。キャベツは外蓋に入る大きさに切っておく。

3 本体にオリーブオイルを引き、2の豚肉、キャベツを入れ、中火で軽く炒める。

4 油が回ってきたら（A）を加えて強火にする。沸いてきたら弱火に落とし、中蓋と外蓋をのせてさらに30分ほど火にかける。

5 火から下ろし10分ほど蒸らしたのち、アサリごはんには刻んだ小ネギをかける。塩豚のマスタード煮は塩、コショウ（分量外）で味をととのえたら出来上がり。

POINT / 豚ロース塊肉は、とんかつ用の厚めのロース肉を使ってもOK。キャベツは芯まで柔らかく煮えるので取り除かなくても大丈夫。

塩豚はマスタードの酸味を纏わせ
アサリごはんにはショウガをきかせて

(Theme 4) 煮込み料理＋主食系

おでん＋豚アスパラごはん

煮込み料理

主食

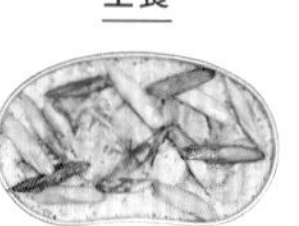

材料（1人分）

本体

鶏モモ肉……80g
大根……1/4本
さつま揚げ
（または野菜揚げなど）
……2枚
こんにゃく……100g

A
水……400ml
白だし……大さじ1
酒……大さじ1
昆布……3cm角

中蓋・外蓋

無洗米……0.5合
水……80ml
しょう油（炊飯用）
……小さじ1/2
豚ロース厚切り肉……60g
塩（下味用）……適量
酒……大さじ1/2
ショウガ……1片
オリーブオイル……適量
アスパラ……1〜2本
塩（アスパラ用）
……少々
しょう油(アスパラ用)
……少々

作り方

1 中蓋に無洗米と水を入れ、浸水させておく。その後しょう油を加えて軽く混ぜる。

2 豚肉は1.5cm角に切って塩を強めに振り、酒を回しかけておく。

3 2と千切りにしたショウガを中蓋の米の上にのせる。

4 本体に、それぞれ食べやすい大きさに切った鶏肉、大根、さつま揚げ、こんにゃくを入れ、さらに（A）を加える。

5 本体だけを強火にかける。沸いてきたら3の中蓋と外蓋をのせて弱火に落とし、さらに30分ほど火にかける。火から下ろしたら10分ほど蒸らす。

6 外蓋にオリーブオイルを引き、斜め切りにしたアスパラをさっと炒める。塩を振り、香り付けのしょう油を少量たらしてから、炊き上がった中蓋のごはんに混ぜ合わせる。本体のおでんは、塩（分量外）で味をととのえて出来上がり。

POINT／ごはんに混ぜるアスパラは、炒めすぎず食感を残すのがおいしくなるポイント。おでんの具はお好みのものに代えてもOK。（A）の代わりに市販のおでんの素を使ってもいい。

ショウガと豚の風味がきいたごはんに
炒めたアスパラを混ぜ込んで贅沢に

(Theme 4) 煮込み料理+主食系

さばジャガ+梅ごはん

煮込み料理

主食

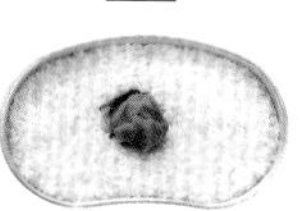

材料（1人分）

本体

ジャガイモ（中）……2個
玉ねぎ（中）……1/2個
さば味噌缶……1缶
A 砂糖……小さじ1/2
A しょう油……小さじ1/2
A 酒……50ml
小ネギ……適量

中蓋

無洗米……0.5合
水……90ml
梅干し……1個

作り方

1 中蓋に無洗米と水を入れて浸水させたのち、真ん中に梅干しを置いておく。

2 本体に、大きめのひと口大に切ったジャガイモ、くし切りにした玉ねぎを順に入れてから、さば味噌缶の中身を汁ごと加えて軽くほぐし、（A）も加える。

3 本体だけを強火にかける。沸いてきたら1の中蓋と外蓋をのせて弱火に落とし、さらに30分ほど火にかける。

4 火から下ろし、10分ほど蒸らしたら外蓋を取り外す。中蓋の梅干しをほぐしながら混ぜる。

5 本体のさばジャガは、小口切りにした小ネギをかけて出来上がり。

POINT / ジャガイモと玉ねぎは大きめにカットして30分じっくりと煮込むので、やわらかく仕上がる。梅干しにしそが入っていたら一緒に加えてよい。

さば味噌缶で作るさばジャガは
お手軽だけど箸が止まらぬ味わい

(Theme 4) 煮込み料理+主食系

煮込みキャベツハンバーグ+コーンごはん

煮込み料理

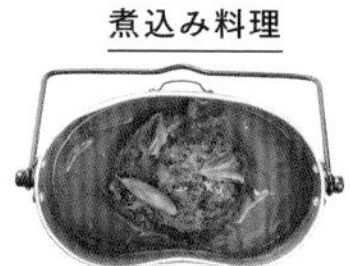

主食

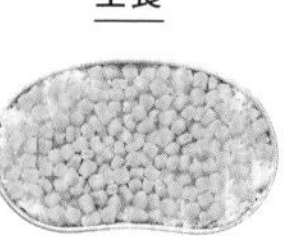

材料(1人分)

本体・外蓋

合い挽き肉……120g
千切りキャベツ
……70g(外蓋2/3くらいの量)
たまご……1個
薄力粉……小さじ1
塩(ハンバーグ用)
……小さじ1/4
コショウ(ハンバーグ用)……少々
ニンニク……1片
玉ねぎ(中)……1/4個
オリーブオイル……適量
野菜ジュース
(食塩無添加・トマト入り)
……200ml
トマトペースト……大さじ1
水……50〜100ml
塩(ソース用)……小さじ1/4弱
コショウ(ソース用)……適量
バジル……お好み

中蓋

無洗米……0.5合
コーン缶(小・砂糖不使用)
……1缶(固形量50〜70g)
水……コーン缶の汁と合わせて90ml

作り方

1 中蓋に無洗米を入れ、コーン缶の汁と水を合わせたもの加えて浸水させておく。水気を切ったコーンの粒ものせる。

2 本体に合い挽き肉、千切りキャベツ、たまご、薄力粉、塩、コショウを入れ、粘り気が出てまとまるまで、スプーンなどで3分ほどしっかり練り混ぜる。

3 フライパン用アルミホイルを外蓋よりも大きくはみ出るサイズに切って、外蓋の内側に沿わせるように敷き、その上にオリーブオイルを引いて俵形にまとめた2のハンバーグ肉をのせる。その後、中強火にかけて両面に焼き色が付くまで焼く。

4 本体に(2の肉が付いていてもそのままでOK)オリーブオイル、スライスしたニンニクと玉ねぎを加えて中火にかけ、焼き色が付きはじめるまで軽く炒める。

5 4に野菜ジュース、トマトペースト、水、塩、コショウを加え、3で焼いたハンバーグ肉を入れる。

6 沸いてきたら中蓋と外蓋をのせ、弱火に落としてさらに30分ほど火にかける。

7 火から下ろして10分ほど蒸らしたのち、外蓋と中蓋を取り外す。本体の煮込みハンバーグは塩(分量外)で味をととのえ、お好みでバジルをちぎって加えれば出来上がり。中蓋のコーンごはんと一緒にいただく。

POINT / ニンニクはチューブのものを使ってもOK。手順3でハンバーグを返す時は、いったんアルミホイルごと外蓋から取り出すと返しやすい。

千切りキャベツの瑞々しさが
ハンバーグの食感を劇的に変える

(Theme 4) 煮込み料理＋主食系

鶏ぽん煮＋ジンジャーごはん

煮込料理

主食

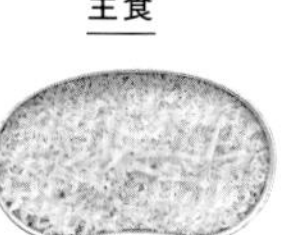

材料（1人分）

本体

鶏手羽元……5本
長ネギ……1本
A 砂糖……ふたつまみ
A ポン酢……40ml
A 水……60ml

中蓋

無洗米……0.5合
水……90ml
ショウガ……1片
しょう油……小さじ1/4

作り方

1 中蓋に無洗米と水を入れ、浸水させておく。

2 本体に鶏手羽元、3cmの長さにカットした長ネギと（A）を入れる。

3 本体だけを強火にかける。沸いたら鶏手羽元の上下を返して弱火に落とす。

4 1の中蓋に千切りにしたショウガとしょう油を加えて軽く混ぜたのち、外蓋とともに本体にのせる。さらに30分ほど弱火にかけて、火から下ろし、10分ほど蒸らせば出来上がり。

POINT／鶏ぽん煮は、ひと口大に切った大根やナスなどを加え、一緒に煮込んでもおいしい。

ポン酢ならではの爽やかな酸味と
ショウガのさっぱり感の究極コラボ

(Theme 4) 煮込み料理＋主食系

シチュー＋ケチャップライス

煮込み料理

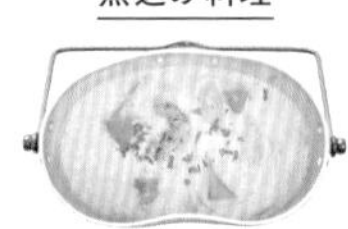

主食

材料（1人分）

本体

玉ねぎ（中）……1/2個
ニンジン（中）……1/4個
ジャガイモ（小）……1個
鶏モモ肉……80g
薄力粉……大さじ1弱
水……200ml
コンソメキューブ……1/2個
牛乳……100ml
塩（下味用）……適量
バター……1かけ（10g）
パセリ……お好み
オリーブオイル……適量

中蓋

無洗米……0.5合
水……80ml
ケチャップ……大さじ1+1/2
バター……半かけ（5g）

作り方

1 中蓋に無洗米と水を入れ、浸水させておく。

2 **1**の中蓋にケチャップを加えて混ぜ、バターをのせる。

3 シチュー用の玉ねぎはくし切りに、ニンジン、ジャガイモはひと口大の乱切りにする。鶏肉もひと口大に切り、軽く下味用の塩を振っておく。

4 本体にオリーブオイルを引いて中弱火にかけ、**3**で切った玉ねぎとニンジン、鶏肉をさっと炒める。

5 **4**にジャガイモとバターを加え、薄力粉を振りかける。薄力粉が具材全体に絡むように混ぜながら少し炒める。

6 **5**の本体に水と砕いたコンソメキューブを加え、本体だけを強火にかける。沸いてきたら中蓋と外蓋をのせて弱火に落とし、さらに30分ほど火にかける。

7 火から下ろし、10分ほど蒸らしたら外蓋と中蓋を取り外す。本体に牛乳を加えてから、再び本体だけを中火にかけ、温まったら塩、コショウ（ともに分量外）で味をととのえる。最後にお好みで刻んだパセリをかけて出来上がり。

POINT ／ シチューの具材に、きのこやカブなどをお好みで加えてもよい。シチューをライスにかけ、オムレツをのせてオムシチューライスにするのもあり。

市販のルーいらずのシチューは
ケチャップライスと相性◎

りんごと豚のポットロースト＋ハーブライス

材料（1人分）

外蓋・本体

豚ロース塊肉……200g
玉ねぎ（中）……1/2個
りんご（中）……1/2個
さつまいも（小）……1本
塩……適量
酒……50ml
オリーブオイル……適量
コショウ……適量
マスタード……お好み

中蓋

無洗米……0.5合
水……90ml
ハーブソルト……小さじ1/4
レモン汁……お好み

作り方

1 中蓋に無洗米と水を入れ、浸水させておく。その後ハーブソルトを加え軽く混ぜる。

2 豚ロース塊肉の両面に、強めに塩を振っておく。

3 外蓋にオリーブオイルを引き、全面に軽く焼き色が付くまで塊肉を焼く。

4 本体の底にくし切りにした玉ねぎを敷き、その上にくし切りにしたりんごを並べる（芯は取るが皮はそのままでOK）。さらにその上に3の塊肉を置き、周りに1.5cm厚に輪切りしたさつまいもを並べ、さつまいもに軽く塩を振る。

5 本体の塊肉にコショウを振ったのち、酒を全体に回しかけ、本体だけを中火にかける。沸いてきたら中蓋と外蓋をのせて弱火に落とし、さらに30分ほど火にかける。

6 火から下ろしたら10分ほど蒸らす。本体の塊肉は食べやすい大きさにカットし、お好みでマスタードを付け、とろとろになった玉ねぎやりんごと一緒にいただく。ハーブライスはお好みでレモン汁をかけたら出来上がり。

POINT／手順５でローズマリーやローリエを一緒に煮込むと、より本格的な味わいになる。

(Theme 5)

2品料理／応用料理系レシピ

飯ごう本体と中蓋をフル活用することで
同時進行で、複数のおかず作りも可能。
いろんな味を楽しみたい。酒のお供がほしい。
飯ごうは、多様なニーズに応えてくれます。

(Theme 5) 2品料理／応用料理系

鶏のビール煮込み+海苔の佃煮ポテト

1品目

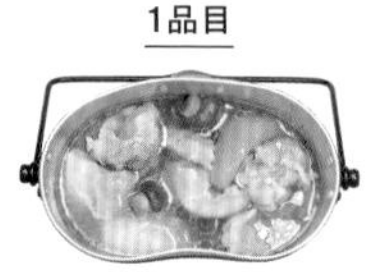

×

2品目

材料（1人分）

本体

鶏モモ肉……150g
玉ねぎ（中）…… 1/2個
マッシュルーム……5個
塩……小さじ1/4
ビール……100ml
水……50ml

中蓋

ジャガイモ（中～大）……1個
ツナ缶……1缶
海苔の佃煮……小さじ2
コショウ……適量
小ネギ……お好み

作り方

1 中蓋に12等分くらいに切ったジャガイモ、油を切ったツナ、海苔の佃煮を入れる。

2 本体にマッシュルーム（大きければ半分にカットする）、くし切りにした玉ねぎ、大きめのひと口大に切った鶏肉を順に入れて、塩を振ってビールと水を注ぐ。

3 本体だけを中火にかけ、沸いてきたら中蓋と外蓋をのせて弱火に落とし、さらに15分ほど火にかける。

4 火から下ろしたら外蓋と中蓋を取り外し、再び中蓋だけを火にかけて少し煮詰めながら全体を混ぜ合わせる。軽く水分が飛んだら火を止め、コショウと刻んだ小ネギをかければ海苔の佃煮ポテトは出来上がり。本体の鶏のビール煮込みは、塩（分量外）で味をととのえてからいただく。

POINT／マッシュルームの代わりに好きなきのこを使ってもOK。海苔の佃煮ポテトには、お好みでわさびを少し付けてもおいしい。

ビールで煮込んだ鶏はホロホロに。
海苔とツナの香り漂うポテトも抜群

ミネストローネ＋コーンスープグラタン

1品目

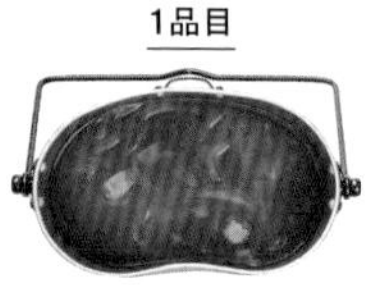

2品目

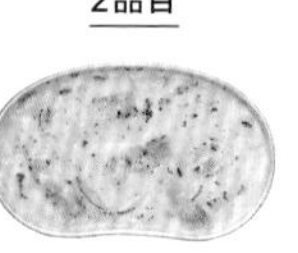

材料（1人分）

本体

玉ねぎ（中）……1/2個
ベーコン（ハーフ）……５枚
市販の冷凍里芋（直径３cm程度）……５個
ニンニク……１片
バター……１かけ（10g）
トマトジュース（食塩無添加）……200ml
水……100ml
コンソメキューブ……1/2個

中蓋

牛乳（または豆乳）……100ml
コーンスープの素（粉末インスタント）……1袋（1人前）
コショウ……少々
ピザチーズ……好みの量

作り方

1 本体にバター、スライスした玉ねぎ、短冊切りにしたベーコンを入れて、中弱火で軽く炒める。その後、解凍して半分に切った里芋も加え、玉ねぎがしんなりするまで一緒に炒める。

2 1の半量（里芋は全部）を中蓋に移す。そこへ牛乳とコーンスープの素を溶き混ぜたものを加え、コショウとピザチーズをかける。

3 本体に残った食材にトマトジュース、水、砕いたコンソメキューブを加えて軽く混ぜる。沸いてきたら中蓋と外蓋をのせて弱火に落とし、さらに15分ほど火にかける。

4 火から下ろして外蓋を取り外し、中蓋のグラタンの表面をガストーチで炙ったら出来上がり（トーチがない場合はそのままでもOK）。本体のミネストローネは塩、コショウ（ともに分量外）で味をととのえてからいただく。

POINT／グラタン、ミネストローネともに、ほうれん草などを加えても◎。ミネストローネの里芋は量を増やしてもOK。生の里芋を使う場合はスライスして使う。

グラタンから溢れるコーンの甘みと
スープの酸味が上品に絡み合う

(Theme 5) 2品料理／応用料理系

蒸しナスのミートソースがけ

応用料理

×

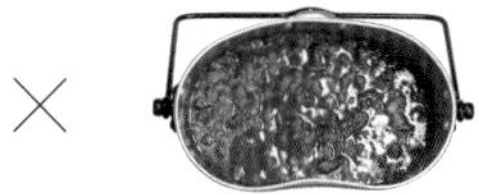

材料（1人分）

中蓋

ナス……1本
オリーブオイル……大さじ2
塩……適量

本体

ミートボール……1パック（110〜120g）
ニンニク……1片
オリーブオイル……適量
ニンジン（中）……1/5本
トマトジュース……100ml
パセリ……お好み

作り方

1 中蓋に縦6等分に切ったナスを並べ、オリーブオイルを回しかけて塩を全体にしっかりと振っておく。

2 ミートボールは開封前に、袋の上からしっかりと潰しておく。

3 本体にみじん切りにしたニンニクとオリーブオイルを入れて中弱火にかける。香りが立ってきたら2で潰したミートボール、粗みじん切りにしたニンジン、トマトジュースを加え、火を少し強める。

4 沸いてきたら、1の中蓋と外蓋をのせて弱火に落とし、さらに15分ほど火にかける。

5 火を止めたのち、塩、コショウ（ともに分量外）でミートソースの味をととのえる。水分がまだ多く残っていたら、再度火にかけて煮詰める。

6 5を中蓋のナスにかけ、お好みで刻んだパセリを散らせば出来上がり。

POINT ／ 手順4以降で弱火をキープするのが難しい場合は、焦げ付かないよう水またはトマトジュースを50mlほど追加するとよい。最後にピザ用チーズをかけてトーチで炙って食べてもおいしい。

ミートボールを使った簡単レシピで
汎用性抜群のミートソースが完成

(Theme 5) 2品料理／応用料理系

牛トマトスープ＋かぼちゃカマンベール

1品目

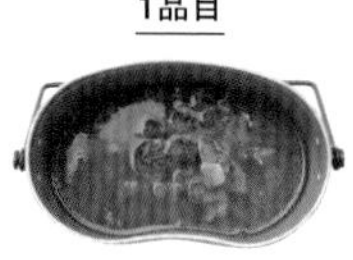

2品目

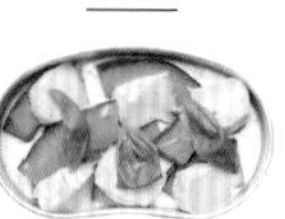

材料（1人分）

本体

ニンニク……1片
牛コマ切れ肉
（または牛薄切り肉）……50g
トマト（大）……1個
水……250ml
塩……小さじ1/2弱
コショウ……少々
オリーブオイル……適量

中蓋

かぼちゃ……5～6スライス（中蓋に収まる量）
塩……少々
コショウ……少々
カマンベールチーズ（丸）……1/2個
バジル……3枚ほど
オリーブオイル……少々

作り方

1 かぼちゃの種をくり抜いたのち、5mm厚にスライスして中蓋に並べる。そこにオリーブオイルと塩を振り、その上に6等分にカットしたカマンベールチーズを散らす。

2 本体にオリーブオイル、スライスしたニンニクを入れて中弱火にかける。香りが立ってきたら牛肉を加え、軽く炒める。

3 本体の牛肉の色が変わってきたら、2cm角に切ったトマト、水、塩、コショウを加え、少し火を強くする。

4 沸いてきたらアクを取り除き、1の中蓋と外蓋をのせて弱火に落とし、さらに10分ほど火にかける。

5 外蓋を取り外したのち、中蓋のかぼちゃにコショウを振り、ちぎったバジルを散らす。本体のスープは、必要に応じて塩、コショウ（ともに分量外）で味をととのえて出来上がり。

POINT ／ かぼちゃカマンベール、スープのいずれも、仕上げにコショウをきかせると味が締まる。かぼちゃカマンベールのバジルはなしでも大丈夫。

かぼちゃ&チーズのコンビを生かす
牛肉とトマトの旨味がたっぷり

(Theme 5) 2品料理／応用料理系

鶏団子とキャベツ煮＋椎茸の蒸し煮

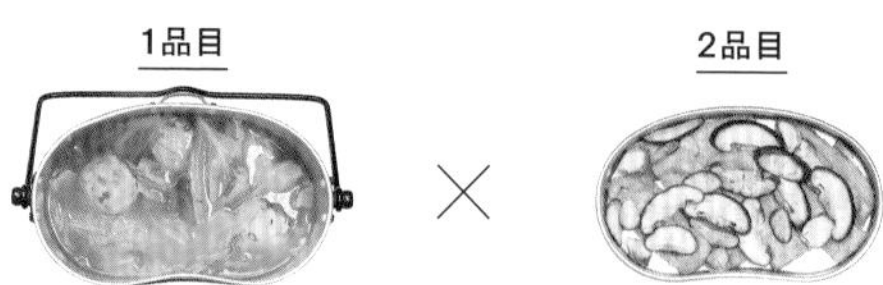

材料（1人分）

本体

トマト（大）……1個
水……200ml
めんつゆ（3倍濃縮タイプ）……小さじ2
鶏団子……6個
キャベツ……2枚程度
塩……適量

中蓋

椎茸……2個程度
油揚げ……1枚
酒……小さじ2
めんつゆ（3倍濃縮タイプ）……小さじ1＋1/2

作り方

1 中蓋に1.5cm幅に切った油揚げを入れ、その上に5mm厚にスライスした椎茸をのせる。上から酒、めんつゆを回しかける。

2 本体に大きめのひと口大に切ったトマト、水、めんつゆを入れて強火にかける。

3 沸いてきたら鶏団子、ひと口大に切ったキャベツ、塩を加え、再び沸いてきたら中蓋と外蓋をのせて弱火に落とす。10分ほど火にかけたのちに火から下ろし、最後に鶏団子とキャベツ煮の味を塩（分量外）でととのえたら出来上がり。

POINT／キャベツはパック入りのカットキャベツを使うとよりお手軽に。

椎茸のだしが染みた油揚げを
さっぱり酸味の煮込みとともに

(Theme 5) 2品料理／応用料理系

じゃがバタコーン＋キャベツと紅ショウガの豚巻き

1品目

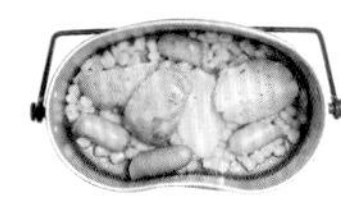

×

2品目

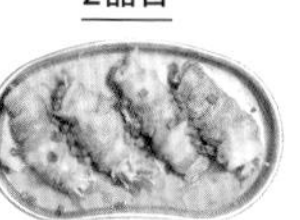

材料（1人分）

本体

ジャガイモ（中）……1個
ソーセージ（小）……2本
水……100ml
コーン（パックまたは缶）……50g
バター……1かけ（10g）
塩……小さじ1/4
しょう油……少々
コショウ……適量
パセリ……お好み

中蓋

豚バラ薄切り肉……4～5枚
千切りキャベツ……適量
紅ショウガ……適量
塩……適量
ポン酢……小さじ1
コショウ……適量
小ネギ……お好み

作り方

1 広げた豚肉の端に千切りキャベツと紅ショウガをのせ、くるくると巻き包んで中蓋に並べる。

2 1で巻いた豚肉の外側全体にしっかりと塩を振っておく。

3 水を入れた本体に、芽を取って4等分に切ったジャガイモを皮を下にして入れる。斜めに半分に切ったソーセージも入れ、塩を全体に振ったら本体だけを中火にかける。

4 沸いてきたら2の中蓋と外蓋をのせて弱火に落とし、10分ほど火にかける。

5 中蓋の豚肉に火が通っていることを確認したら火から下ろし、中蓋と外蓋を取り外す。本体に水分が残っていたら捨て、そこに水気を切ったコーンとバターを加えて本体だけを再び火にかける。

6 本体のバターが溶けて全体に絡み、水分が飛んでパチパチと音がしはじめたら、香り付けとしてコーンに少ししょう油をたらして火を止める。コショウをかけ、塩（分量外）で味をととのえ、お好みでパセリを散らせば出来上がり。中蓋の豚巻きにはポン酢を回しかけ、コショウを振り、お好みで刻んだ小ネギをかけてからいただく。

POINT ／ じゃがバタコーンは、ソーセージを省いてもOK。

じゃがバター×コーンのセットに
しょう油の香ばしさをプラス

(Theme 5) 2品料理／応用料理系

ジャーマンカレーポテト＋焼き野菜のマリネ

1品目 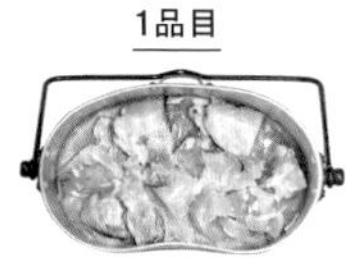  2品目 

材料（1人分）

本体

ジャガイモ（中）……1個
玉ねぎ（中）……1/4個
厚切りベーコン（ハーフ）……2枚
ニンニク……1片
塩……適量
カレー粉……小さじ1/2弱
水……50ml
マヨネーズ……大さじ1/2
パセリ……お好み

中蓋・外蓋

パプリカ……1/2個（中蓋に収まる量）
かぼちゃ……4〜5スライス
オリーブオイル……適量
A
- 砂糖……ふたつまみ
- お酢……60ml
- コショウ……適量
- ローリエ……1枚
- シナモン……お好み

塩……適量

作り方

1 外蓋にオリーブオイルを引き、1.5cm幅の串切りにしたパプリカ、5mm幅のひと口大に切ったかぼちゃを入れて焼き目が付くまで焼いておく。

2 中蓋に**1**と（A）を入れる。塩は強めに全体に振っておく。

3 本体に芽を取り除いて8等分したジャガイモ、スライスした玉ねぎ、短冊切りにしたベーコン、スライスしたニンニクを入れたのち、全体に塩を振る。そこにカレー粉を加えて軽く混ぜる。

4 **3**に水を注ぎ強火にかける。沸いてきたら**2**の中蓋と外蓋をのせて弱火に落とし、さらに10分ほど火にかける。

5 本体の水分がなくなったらマヨネーズを加えて混ぜ、塩（分量外）で味をととのえる。お好みで刻んだパセリをかければ出来上がり。

POINT／カレーポテトのベーコンは、食べ応えのある厚切りのものがおすすめだが、薄切りでも代用可。マリネの野菜はどちらか1種類でもOK。

みんな大好きカレー味のポテトを
マヨで和えれば無敵のテイストが完成

甘辛麻婆湯豆腐

応用料理

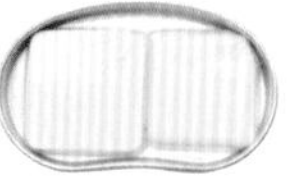

材料（1人分）

本体

ニンニク……1片
ショウガ……1片
長ネギ……1/2本
ごま油……大さじ1
豚挽き肉……70g
豆板醤……小さじ1

A
- 焼肉のたれ……大さじ2
- 水……100ml
- 片栗粉……小さじ1
- 五香粉……4振りほど

小ネギ……お好み

中蓋

絹とうふ……200g（1パック）

作り方

1. 中蓋に、横半分に切った豆腐を並べておく。
2. 本体にごま油を引いて、みじん切りにしたニンニク、ショウガ、長ネギを入れ、焦げ目が付きはじめるくらいまで中火で炒める。
3. 2に豚挽き肉、豆板醤を加え、ほぐしながら肉がカリカリになるまで炒める。
4. 豚挽き肉が炒まったら3に（A）を加える。
5. 本体が沸いてきたら1の中蓋と外蓋をのせて弱火に落とし、さらに10分ほど火にかける。
6. 火から下ろしたら中蓋と外蓋を取り外し、豆腐から出た中蓋の水気を切る。
7. 中蓋の豆腐に本体の麻婆肉をかける。お好みで小口切りした小ネギをかけて出来上がり。

POINT／焼き肉のたれは好みの辛さのものを。豆板醤を少し追加して、辛さをアップしてもOK。五香粉は仕上げの段階でさらに追加してもよい。

五香紛の香りが深い味わいを生み
究極の“ごはんの友”となる

蒸し茹で野菜＋ラクレットチーズ風

応用料理

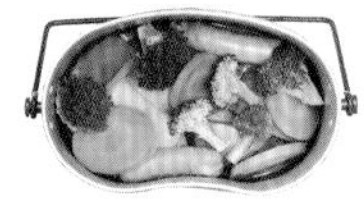

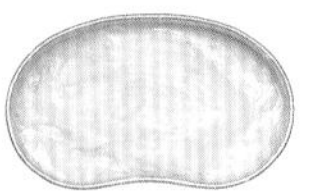

材料（1人分）

本体

ソーセージ……2本
ジャガイモ（中）……1個
ニンジン（中）……適量
ブロッコリー……適量
塩……少々
水……100ml

中蓋

ピザチーズ……50g
片栗粉……少々
白ワイン……大さじ2
コショウ……お好み
シナモン……お好み

作り方

1 中蓋にピザチーズを入れ、片栗粉を薄くまぶしたのち、白ワインを加える。

2 本体にソーセージ、1/4に切ったジャガイモ、5mm厚の斜め切りにしたニンジン、塩、水を入れてから本体だけを中火にかける。沸いてきたら外蓋だけをのせて弱火に落とし、さらに7分ほど火にかける。

3 7分経ったら一度外蓋を取り外し、小房にわけたブロッコリーを加えて中火にかける。ぐつぐつしてきたら弱火に落とし、中蓋と外蓋をのせてさらに2分ほど火にかける。

4 火から下ろしたら本体の具材をうつわに取り出し、中蓋のチーズを熱々のうちに混ぜてから具材にかけて（または付けて）いただく。チーズにはお好みでコショウやシナモンをかけてもよい。

POINT／子どもが食べる時は白ワインを牛乳に代えて作るとよい。具材はお好みのものを加えてOK。ブロッコリーをミニトマトに代えてもおいしい。

具材に絡むとろとろのチーズには
シナモンの香りをのせて

（Theme 5）2品料理／応用料理系

プルドポーク＋BBQソース

応用料理

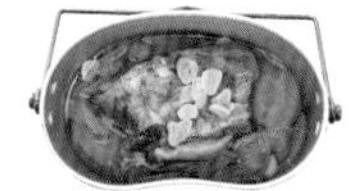

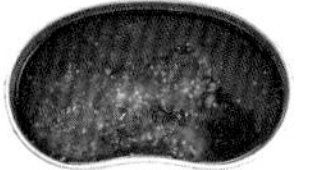

材料（1～2人分）

本体

豚肩ロース塊肉……250g
塩……適量
パプリカパウダー……小さじ1/2弱
チリパウダー……お好み
玉ねぎ（中）……1/4個
ニンジン（中）……1/3個
セロリ……1/2本
ニンニク……2片
りんごジュース……大さじ4
水……150ml

中蓋

A［ウスターソース……大さじ1強
ケチャップ……大さじ1強
粒マスタード……大さじ1/2］

作り方

1 豚肩ロース塊肉にりんごジュース（大さじ1）をかけて揉み込み、全面に強めに塩を振ってパプリカパウダー、チリパウダーをまぶしておく。

2 ニンニクと玉ねぎはスライス、ニンジンとセロリは5mm厚の斜め切りにしておく。

3 本体に2の玉ねぎ、ニンジン、セロリを敷き、その上に1の塊肉、その上にニンニクをのせる。

4 3に残りのりんごジュース（大さじ3）と水を加えて中火にかける。沸いてきたら外蓋をのせて弱火に落とし、90分ほど火にかける。

5 中蓋に（A）をすべて入れて混ぜ、4の時間が70分ほど経過したところで、外蓋を外して中蓋をのせる。

6 再び外蓋をのせ、残り時間弱火にかける。この時、本体の水気がなくなっていたら、適宜水（分量外）を追加する。

7 火を止めたら、本体から塊肉を取り出し、温かいうちにフォークなどでほぐす。中蓋のソースに本体の煮汁を少し加えて混ぜてから肉にかけ、煮崩れた野菜とともにいただく。

POINT／プルドポークはパンに挟んでサンドイッチやホットサンドにしたり、サラダに加えたりしてもおいしい。

飯ごうの利点を生かして作る
ホロホロ豚肉の本格プルドポーク

(Theme 5) 2品料理／応用料理系

白菜漬けのスープ＋小籠包

1品目

×

2品目

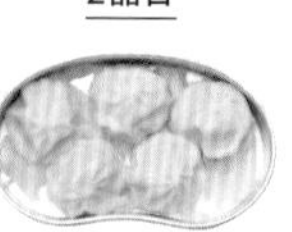

材料（1人分）

本体

椎茸……1個
豚バラ薄切り肉
（または豚コマ切れ肉）……50g
白菜漬け……80g
水……400ml
塩……小さじ1/4
たまご……1個
しょう油……少々
コショウ……少々
ラー油……お好み

中蓋

小籠包（冷凍）……4～5個
白菜漬け
……中蓋の底に敷き詰められる量
ショウガ……お好み

作り方

1 中蓋に、食べやすい大きさに切った白菜漬けを敷き、その上に小籠包を並べる。

2 本体にスライスした椎茸、食べやすい大きさに切った豚肉と白菜漬け、水、塩を入れて中火にかける。

3 沸いてきたら1の中蓋と外蓋をのせて弱火に落とし、さらに6分ほど火にかける。

4 小籠包が芯まで温まっていることを確認したら火から下ろす。再び本体だけを火にかけ、沸いたところに少しずつ溶きたまごを流し入れたのちに火から下ろし、しょう油とコショウを加える。最後に塩（分量外）で味をととのえたら出来上がり。お好みでラー油をかけていただく。

5 中蓋の小籠包はお好みで千切りにしたショウガを添えて、白菜漬けと一緒にいただく。

POINT ／ スープのたまごは、少しずつ、細く、ゆっくりと流し入れることでふわふわに仕上がる。

ジワリと溶け出す白菜漬けの酸味が
スープのテイストに奥行きを加える

(Theme 5) 2品料理／応用料理系

簡単サムゲタン＋豚ピー蒸し

1品目

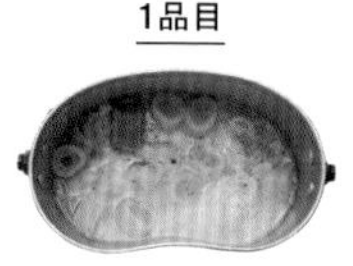

2品目

材料（1人分）

本体

ニンニク……1片
ショウガ……1片
長ネギ……1/2本
鶏手羽元……4本
塩（下味用）……適量
米……大さじ2
塩……適量
コショウ……適量
水……300ml
ごま油……小さじ1

中蓋

ピーマン（中）……2個
ショウガ……1片
豚コマ切れ肉（または豚バラ薄切り肉）……100g
塩……少々
しょう油……大さじ1/2
ごま油（炊飯用）……小さじ1
ミョウガ……1個
ごま油……少々

作り方

1 豚ピー蒸しのピーマンは縦に5mm幅の細切り、ショウガは千切りにする。中蓋にピーマン、豚肉、ショウガの順に入れ、塩、しょう油、ごま油を加えて軽く混ぜる。

2 サムゲタンのニンニクとショウガはスライスし、長ネギは1cm幅の輪切りにする。鶏手羽元には、強めに塩を振っておく。

3 本体に2と米、塩、コショウ、水、ごま油を入れ、本体だけを強火にかける。

4 沸いてきたら弱火に落とし、アクを取り除いてから外蓋をのせて10分ほど火にかける。

5 いったん外蓋を取り外し、1の中蓋と外蓋をのせてさらに10分ほど火にかける。

6 火から下ろしたのち、外蓋を取り外す。香り付けとして中蓋にごま油を少量回しかけ、塩（分量外）で味をととのえたのち、千切りにしたミョウガをのせれば豚ピー蒸しは出来上がり。本体のサムゲタンも塩、コショウ（ともに分量外）で味をととのえてからいただく。

POINT／サムゲタンは、米を一緒に煮込むことで出るとろみの効果で冷めにくくもなる。ニンニク、ショウガはチューブのものでも代用可。

ポイントは手羽元からにじむ旨味と
米が生み出すやさしいとろみ

ジンジャーレモネード＋はちみつプリン

1品目

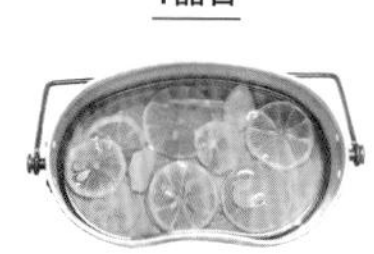

×

2品目

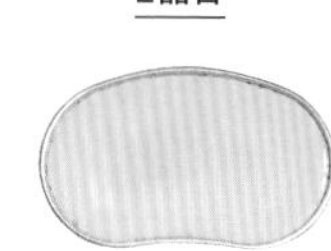

材料（1人分）

本体

レモン……1個
ショウガ……1片（スライス）
A
- 砂糖……大さじ4
- はちみつ……大さじ2+1/2
- 水……100ml

中蓋・その他

【カラメルソース】
B
- 砂糖……大さじ1
- はちみつ……大さじ1
- 水……大さじ1

【プリン液】
たまご……2個
砂糖……大さじ1
はちみつ……大さじ1/2
牛乳……150ml

作り方

1 本体に、皮を取って5mm厚の輪切りにしたレモン、スライスしたショウガ、(A)を入れる。

2 中蓋に（B）をすべて入れて中弱火にかける。沸いてきたら焦げ付かないように混ぜながら火にかけ、茶色く色付いてきたら火から下ろす。

3 大きめのうつわにプリン用のたまごを割り入れてしっかり溶きほぐし、砂糖とはちみつを加えてよく溶かし混ぜる。

4 3に牛乳を加え、泡立たないように注意しながら混ぜる。

5 本体だけを強火にかける。沸いてきたら2の中蓋をのせて弱火に落とし、4のプリン液をざるなどで濾しながら静かに流し入れたのち、外蓋をのせる。

6 そのまま10分ほど弱火にかける。5分ほど経ったところで一度外蓋を取り外し、蒸気が抜ける隙間が少しできるよう斜めにのせ直す。

7 さらに5分ほど火にかけたのち、中蓋のプリンが固まっていることを確認したら火から下ろす。本体のレモネードは、お湯または水などで割って飲む。

POINT／レモネードは原液50mlに対してお湯または水150～200mlで割るのが目安。炭酸で割ったり、紅茶やお酒に加えたりしてもおいしい。

大人味レモネードとはちみつプリン
至福のスイーツセットをお手軽に

焼きりんご＋プリンと紅茶の蒸しケーキ

1品目

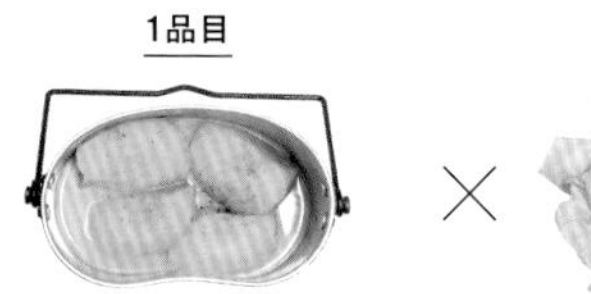

×

2品目

材料（1〜2人分）

本体

りんご……1個
砂糖……大さじ1
水……50ml
バター……1かけ（10g）
シナモン……お好み

中蓋・その他

牛乳……50ml
紅茶のティーバッグ……1個
プリン……1個（100g程度）
ホットケーキミックス……100g（約160ml）
サラダ油……大さじ1

作り方

1 芯を取って4等分したりんごを本体に入れ、砂糖、お好みでシナモンを全体に振り入れる。その上にバターをのせて水も加える。

2 大きめのうつわに牛乳とティーバッグの中身（茶葉）を入れる。そこにプリン（カラメルごと）を加え、潰しながらよく混ぜる。

3 2にホットケーキミックスを入れ、ダマがなくなるまで混ぜ合わせる（混ぜすぎないこと）。その後、サラダ油も加えて混ぜる。

4 中蓋にクッキングシートを大きめに敷いて3を流し込み、外蓋に生地がくっつかないように、敷いたクッキングシートの端で包むように蓋をする。

5 本体だけを中火にかける。沸いてきたら4の中蓋と外蓋をのせて弱火に落とし、さらに20〜30分ほど火にかけていく（外蓋が浮いてくるがそのままでOK）。

6 蒸しケーキの真ん中に串などを刺し、生地が付いてこないようなら出来上がり。追加で火にかける場合は、本体の水分を確認し、なくなっていたら水を少し加える。

POINT／牛乳の代わりに豆乳を使ってもOK。ティーバッグの紅茶を使わなければ、プレーンの蒸しケーキができる。お好みで生クリームを添えても◎。

ふわもち食感のプリンが導く
蒸しケーキの新たな可能性

バナナケーキ＋スパイスチョコソース

材料（1〜2人分）

本体

バター……40g
たまご……1個
ヨーグルト（無糖）…50ml
バナナ……1〜2本
ホットケーキミックス……100g
オリーブオイル……適量

中蓋

板チョコ……1/2枚（25g）
A［牛乳……大さじ2
　 シナモン……お好み

作り方

1 ジッパー付きのポリ袋にバターを入れ、袋の上から手の熱でバターを溶かすように揉み、やわらかくしておく。そこに、溶いたたまごを少しずつ加えながら混ぜる。

2 1にヨーグルトを加えて混ぜ合わせる。さらにひと口大にちぎったバナナも入れ、潰しながら混ぜる。

3 2にホットケーキミックスを加え、ダマがなくなるまで揉み混ぜる。

4 本体の底面にオリーブオイルを塗り、メスティン用の底網を置く。その上にクッキングシートを敷いて3を流し込んだのち、テーブルなどに本体をトントンと軽く打ち付けて空気を抜き、表面を平らにならす。

5 本体だけを中火にかけて外蓋をのせる。ぐつぐつと音がしてきたら弱火に落とす。

6 1が15分ほど経過したところで一度外蓋を取り外し、小さく割った板チョコと(A)を入れた中蓋をのせる。その後、外蓋をのせてさらに15分ほど火にかける。

7 火を止めて外蓋と中蓋を取り外す。本体のバナナケーキに串を刺して、何も付いてこなければ出来上がり。まだ焼けていない時は、追加でもう少し火にかける。中蓋のチョコソースを混ぜ、お好みでかけていただく。

POINT バナナケーキにくるみを加えてもおいしい。板チョコの味はお好みのものでOK。メスティン用の底網がない場合は、アルミホイルを何重かに折り重ねて平らに敷くとよい。

Column

コンビニ食材を使った お手軽&極旨レシピ集

もっと肩の力を抜いて野外調理を楽しみたい。
そんな人は、食材集めもコンビニで。
手抜き飯？と思いきや、なかなかどうして、
驚くほどの極旨料理が完成します。

(Column) お手軽コンビニ食材レシピ

さば缶＆さきいかで作る旨みたっぷりさばイカ丼

材料（1～2人分）

本体
無洗米……1合
水……220ml

中蓋
さば缶（水煮）……1缶
さきいか……10g
めんつゆ（3倍濃縮）……小さじ2
ショウガ（チューブ）……小さじ1
ごま油……小さじ1
しょう油……少々
刻み小ネギ……お好み
白ごま……お好み

作り方

1 本体に無洗米と水を入れ、浸水させておく。

2 中蓋にさば缶を汁ごと入れて大きめにほぐし、2cmほどに切ったさきいかを加えて軽く混ぜ、10分ほど置いておく（さば缶の汁をさきいかに吸わせる）。その後めんつゆ、ショウガ、ごま油を加えて軽く混ぜる。

3 本体だけを中火にかける。沸いてきたら中蓋と外蓋をのせて弱火に落とし、さらに12分ほど火にかける。

4 火から下ろし10分ほど蒸らしたのち、中蓋にしょう油をひと回し入れて軽く混ぜる。お好みで刻み小ネギと白ごまを散らし、本体のごはんにのせていただく。

POINT / 千切りキャベツと一緒に食べるとおいしいのでぜひ添えてみて。お好みで紅ショウガをのせても◎。

さばの味わいをしっかり吸った
さきいかの風味がたまらない

(Column) お手軽コンビニ食材レシピ

柚子コショウで作るスープ＋かぼちゃ煮で作る蒸しサンドイッチ

1品目

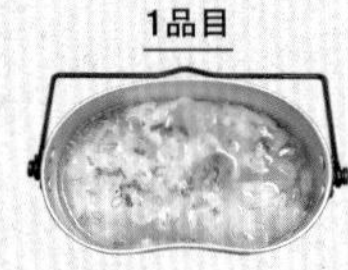

2品目

材料（1〜2人分）

本体

A
- 焼き鳥缶（塩）……1缶
- 刻みネギ……100ml弱程度（シェラカップなどで計測）
- 水……300ml
- 鶏ガラスープの素……小さじ1
- ごま油……少々

- 柚子コショウ……小さじ1/2強
- たまご……1個
- コショウ……適量

中蓋

- バターロール……２個
- スライスチーズ……２枚
- ハム……２枚
- かぼちゃ煮（パック総菜）……適量
- バター……1かけ（10g）
- コショウ……少々

作り方

1 横から切り目を入れたバターロール２個に、それぞれスライスチーズ、ハムを１枚ずつ挟む。さらに、あらかじめ袋の上から潰しておいたかぼちゃ煮、薄く半分に切り分けたバター半かけをのせ、コショウを振ってから中蓋に置く。

2 本体に（A）を入れ、強火にかける。沸いてきたら中蓋と外蓋をのせて（外蓋が浮くようなら上に重しを置く）弱火に落とし、さらに６分ほど火にかける。

3 火を止めたら外蓋と中蓋を取り外し、本体に柚子コショウを加えて混ぜて、本体だけを再び火にかける。

4 沸いてきたら溶いたたまごを少しずつ回し入れて火を止め、コショウを加える。最後に塩（分量外）で味をととのえたら出来上がり。

POINT / 蒸しサンドイッチはバターなしでもOK。ハムの代わりにはちみつ＋シナモンでもおいしい。スープの刻みネギが小ネギの場合は、火から下ろしたあとに加えるとよい。

柚子コショウの香り爽やかなスープと
ほくほくかぼちゃがおいしいサンド

(Column) お手軽コンビニ食材レシピ

フライドポテトで作る豆乳スープ+鮭おにぎりで作るトマトリゾット

1品目

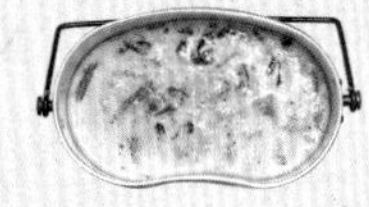

2品目

材料(1～2人分)

本体

フライドポテト(冷凍)……50gほど
カットほうれん草(冷凍)……50gほど
ベーコン(ハーフ)……3枚
水……100ml
コンソメキューブ……半かけ
豆乳(無調整)……200ml
鮭おにぎりの海苔……適量

中蓋

鮭おにぎり……1個
トマトジュース(食塩無添加)……100ml
ニンニク(チューブ)……3cmほど
塩……少々
とろけるチーズ(スライス)……1枚
オリーブオイル……少々

Hango column EASY CONVENIENCE FOOD RECIPES 絶品定食レシピ

作り方

1 中蓋に海苔を取った鮭おにぎりを崩して入れ(海苔はあとで使うので取っておく)、トマトジュース、ニンニク、塩を加える。その上にちぎったとろけるチーズをのせ、オリーブオイルをかける。

2 本体にフライドポテト、カットほうれん草、短冊切りにしたベーコン、水、砕いたコンソメキューブを入れて本体だけを強火にかける。

3 沸いてきたら1の中蓋と外蓋をのせて弱火に落とし、さらに6分ほど火にかける。

4 火から下ろしたら外蓋と中蓋を取り外し、本体に豆乳を加えて本体だけを再度火にかける。温まったら、塩、コショウ(ともに分量外)で味をととのえる。お好みでおにぎりの海苔をちぎり入れていただく。

5 中蓋のリゾットはごはんを混ぜ合わせ、塩、コショウ(ともに分量外)で味をととのえたら出来上がり。

POINT / リゾットは、オリーブオイルの代わりにバターを加えてもコクが出ておいしい。鮭以外のお好みのおにぎりでも試してみて。

豆乳テイストの具だくさんスープが
リゾットの味わいに奥行きをもたらす

(Column) お手軽コンビニ食材レシピ

さばの塩焼きで作る炊き込みごはん＋カニカマで作るふわふわ豆腐蒸し

1品目

2品目

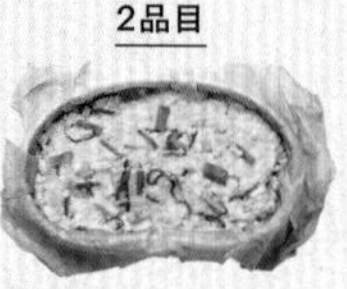

材料（1〜2人分）

本体

無洗米……1合
水……210ml
A［ショウガ（チューブ）……4cmほど
　しょう油……小さじ1/2強
切り干し大根煮……70〜80g
さばの塩焼き（チルド惣菜）……1枚
刻み小ネギ……適量

中蓋・その他

たまご……1個
絹豆腐……150g
塩……小さじ1/2弱
カニカマ……小3本
塩こんぶ……大さじ2

作り方

1 本体に無洗米と水を入れ、浸水させておく。

2 1に（A）を加えて軽く混ぜ、水気を切った切り干し大根煮とさばの塩焼きを順にのせる。

3 大きめのうつわにたまごと絹豆腐、塩を入れ、スプーンなどで豆腐をしっかりつぶして空気を含ませるように混ぜる。

4 3に軽く裂いて1cm幅に切ったカニカマと塩こんぶを加えて軽く混ぜ、クッキングシートを敷いた中蓋に流し込む。

5 2の本体だけを中火にかける。沸いてきたら中蓋と外蓋をのせて弱火に落とし、さらに12分ほど火にかける。

6 火から下ろし10分ほど蒸らせば出来上がり。本体の炊き込みごはんはほぐし混ぜ、刻み小ネギをかけていただく。

POINT / 炊き込みごはんの小ネギはたっぷりかけるのがおすすめ。

シンプルな豆腐の風味を際立たせる
じっくり焼いた塩さばの香ばしさ

(Column) お手軽コンビニ食材レシピ

焼き鳥缶&ミネストローネで作る本格バターチキンカレー

材料（1人分）

本体
焼き鳥缶（塩味）……1缶
バター……1かけ（10g）
ミネストローネ……1パック（1人前）
トマトジュース（食塩無添加）……200ml
水……150ml
カレールウ……1皿分
ヨーグルト（無糖）……大さじ1

中蓋
無洗米……0.5合
水……90ml

作り方

1 中蓋に無洗米と水を入れ、浸水させておく。

2 本体に焼き鳥缶とバターを入れて中火にかける。軽く炒めたらミネストローネ、トマトジュース、水を加え強火にする。

3 沸いてきたら中蓋と外蓋をのせて弱火に落とし、30分ほど火にかける。

4 火から下ろして10分ほど蒸らしたのち、外蓋と中蓋を取り外す。その後本体にカレールウとヨーグルトを加え再び中火にかける。混ぜながらカレールウを溶かし、少し煮込んだら出来上がり。煮詰まりすぎてしまったら水（分量外）を加えて調整する。

POINT / 焼き鳥缶は塩味でなくタレ味でもおいしくできる。焼き鳥缶の代わりに、惣菜の炭火焼き鳥を使うのもおすすめ。

トマト＋ヨーグルトでやわらかな酸味
具だくさんで食べ応えも抜群

おわりに

本書に掲載したレシピは、
「なるべく手軽に作れるもの。それでいて、もちろんおいしいもの」
「手に入れやすく、持っていきやすい食材を使ってできるもの」
そういった視点を大切にしながら考えました。

なかには、馴染みはあっても普段は料理にあまり使わないような食材を
取り入れたレシピも、採用しています。

パラパラと本をめくりながら、ふと手が止まり
「これ、作ってみたい」「飯ごうで料理してみたい」
そう思ってもらえたら、うれしく思います。

本書をきっかけに、はじめて飯ごうでの調理に挑戦される皆さんには、
わたしが実際に飯ごうを使ってみて感じた「注意点」をお伝えしたいと思います。

飯ごうは、家庭用のテフロン加工の調理器具とは違って
長く使えるという利点がある一方で、食材がくっつきやすいところは難点です。
そんなイライラを防ぐためのおすすめは、
「炒める時は油をしっかりと引いてから調理すること」　そして
「フライパン用のアルミホイルやクッキングシートを敷くこと」。
そうすることで、調理がスムーズになり、洗う際の手間も減らすことができます。

また、熱伝導性が高いので、扱う際には火傷に注意してください。
当たり前ですが、うっかり素手で熱い蓋を開けようとすると、大変なことになります。

とはいえ、留意しておくべきポイントはそのくらいですので、
難しく考えず、まずは飯ごうを使ってみて、その機能性や
実用性、工夫しながら調理することの楽しさを体感してください。

キャンプで使う前に、まずは自宅で調理をしてみるのもいいでしょう。
扱いに馴れてくれば、効率よく調理を進めることができたり、
新たな調理方法や独自のレシピを見つけられたりもするはずです。

わたし自身も本書のレシピを考え、料理を作っていく過程で、あらためて
飯ごう調理の奥深さに感動し、この調理器具の真の魅力を知りました。
繰り返しになりますが、その感動体験をぜひ皆さんと共有したい。
そう思ってやみません。

わたしはこれからも、日本各地、さらには世界各地のおいしい食材や料理を、
キャンプと旅を通じて発掘していけたらと思っています。

そして、キャンパーのみなさんの
「おいしそう」「楽しそう」「やってみたい」の
きっかけをつくることができたら、これ以上の幸せはありません。

関根 千種

Profile

関根千種

1987年生まれ。アウトドアフードスタイリスト。飲食店勤務の経験を生かし、キャンプシーンのフードコーディネートなどを手がける。キャンプや自然素材のイラストを得意とするイラストレーターとしても活躍。「たきびとえんぴつ(Instagram：@takibi_enpitsu)」では、イラストを使ったキャンプ飯レシピを紹介している。キャンプと自然と旅が好き。

Webサイト

—

「絵とごはん」

https://sekinechigusa.com

ぜんぶ同時に出来上がる!

飯ごうで作る絶品定食レシピ

関根千種

2023年3月1日　第1刷発行

発行人	塩見正孝
編集人	槻 真悟
撮影	吉田達史 木村武司 村本祥一
アートディレクション	松浦周作（マッシュルームデザイン）
デザイン	時川佳久（マッシュルームデザイン） 奥田一平（マッシュルームデザイン） 浅野彰浩（マッシュルームデザイン）
DTP	藤本明男
編集・撮影協力	ケンジパーマ 溝口敏正 田中美樹
発行所	株式会社三才ブックス 〒101-0041 東京都千代田区神田須田町2-6-5 OS'85ビル TEL：03-3255-7995（代表） FAX：03-5298-3520 Mail：info@sansaibooks.co.jp
印刷・製本	図書印刷株式会社

ISBN978-4-86673-354-8　C0077